Le Médecin volant
La Jalousie
du Barbouillé

ÉTONNANTS • CLASSIQUES

MOLIÈRE

Le Médecin volant
La Jalousie
du Barbouillé

*Présentation, notes, chronologie et dossier
par* DOMINIQUE LANNI,
professeur de lettres

*Cahier photos
par* BÉRENGÈRE RIVOLIER,
professeur de lettres

Flammarion

© Éditions Flammarion, 2006.
© Édition revue, 2014.
ISBN : 978-2-0813-3159-4
ISSN : 1269-8822

SOMMAIRE

■ Présentation 9

Un certain Jean-Baptiste Poquelin	9
Deux petites comédies	13
Deux comédies satiriques	19
Molière ou le « génie comique »	20

■ Chronologie 23

La Jalousie du Barbouillé

Scène première	35
Scène 2	36
Scène 3	40
Scène 4	41
Scène 5	42
Scène 6	43
Scène 7	48
Scène 8	48
Scène 9	49
Scène 10	49
Scène 11	49
Scène 12	52
Scène treizième et dernière	53

Le Médecin volant

Scène première	57
Scène 2	58
Scène 3	60
Scène 4	61
Scène 5	64
Scène 6	65
Scène 7	65
Scène 8	66
Scène 9	68
Scène 10	68
Scène 11	69
Scène 12	70
Scène 13	72
Scène 14	72
Scène 15	73
Scène dernière	78

■ Dossier 79

Aux sources du «génie comique» de Molière	80
La Jalousie du Barbouillé, héritière de la farce	84
Le Médecin volant, proche de la *commedia dell'arte*	93
Groupement de textes : la satire de la médecine dans les comédies de Molière	97
Le Médecin volant sur les planches : la mise en scène de Dario Fo (1990)	109

PRÉSENTATION

Un certain Jean-Baptiste Poquelin

Jean-Baptiste Poquelin, le futur Molière, naît à Paris en 1622. Il est encore enfant lorsqu'il assiste avec son grand-père maternel, Louis Cressé, aux spectacles que donnent les grands comédiens de l'Hôtel de Bourgogne[1], les comédiens italiens, les farceurs – qui ont pour noms Mondor, Tabarin, Turlupin, Gros-Guillaume ou Gaultier-Garguille –, les bonimenteurs, les bouffons, les charlatans et autres bateleurs. Lorsqu'il ne se distrait pas du spectacle des rues animées du quartier du Pont-Neuf, le jeune Jean-Baptiste étudie au collège de Clermont, l'actuel lycée Louis-le-Grand, où fils de nobles et de bourgeois apprennent l'histoire, le droit et les sciences, et où les élèves sont supposés ne parler qu'en latin, y compris dans la cour de récréation. Jean-Baptiste est destiné à reprendre la charge prestigieuse et honorifique de son père, «tapissier ordinaire et valet de chambre du roi[2]». Mais sa passion pour le théâtre est trop grande. De retour à Paris après avoir étudié le droit à Orléans, il rencontre un

---

1. Construit en 1548 au cœur de Paris, l'Hôtel de Bourgogne est en quelque sorte le théâtre officiel, le temple du genre sérieux à l'époque de Molière. Y évoluent les «grands comédiens», dirigés par Bellerose, dont Molière moquera la façon de jouer et la diction dans *L'Impromptu de Versailles* (1663).
2. Son rôle consistait à restaurer les meubles du roi, à aider ses valets et à démonter la chambre du souverain lorsqu'il était en campagne.

comédien italien de renom, le célèbre Tiberio Fiorilli, dit Scaramouche, dont le mode d'expression favori est la pantomime. À ce moment-là, les farceurs français sont sur le déclin, tandis que les comédiens italiens sont à leur apogée. Jean-Baptiste Poquelin a un peu plus de vingt ans lorsque, en 1643, quelques mois seulement après avoir été reçu comme avocat, il abandonne cette profession et renonce à la charge de tapissier au profit de son frère cadet. Avec Madeleine Béjart – une jeune comédienne de talent –, une partie des membres de la famille de cette dernière et quelques gens un peu bohèmes, il fonde une troupe qui reçoit le nom pompeux d'Illustre-Théâtre.

Au temps de l'Illustre-Théâtre

En attendant que la salle qu'elle a louée pour ses représentations soit aménagée – la salle du jeu de paume[1] des Métayers, près de la porte de Nesle, dans l'actuelle rue Mazarine –, la troupe se produit à Rouen, à l'époque de la foire Saint-Romain. Jean-Baptiste Poquelin prend alors le pseudonyme de Molière[2]. La troupe est pleine de bonne volonté mais son répertoire est modeste et elle peine à attirer le public. Elle joue des tragédies de Corneille et de Du Ryer[3], sans succès. Face aux deux grandes troupes de théâtre du temps que sont l'Hôtel de Bourgogne et le Théâtre du Marais[4], l'Illustre-Théâtre a du mal à s'imposer. Pour

---

1. *Salle du jeu de paume* : salle où l'on pratique le jeu de paume, sport qui consiste à se renvoyer une balle de part et d'autre d'un filet, au moyen de la main à l'origine, puis d'un instrument.
2. Le choix de ce pseudonyme est demeuré obscur.
3. Du Ryer (1605-1658) est un auteur de tragédies aux rebondissements multiples et mettant en scène des héros témoignant d'une très grande générosité.
4. *Théâtre du Marais* : théâtre rival de l'Hôtel de Bourgogne, qui doit sa renommée à la collaboration étroite de Pierre Corneille et de l'acteur Montdory. Détruit par un incendie en 1644, il est reconstruit dix mois plus tard.

assurer son salut, Molière contracte des prêts. Plusieurs comédiens se retirent de la troupe, qui quitte le jeu de paume des Métayers pour celui de la Croix-Noire, quai des Célestins, à Paris. Criblé de dettes, Molière est emprisonné sur plainte de son marchand de chandelles, pour deux factures impayées[1]. Libéré grâce à son père, qui rembourse une partie de ses créanciers, il reprend ses activités de comédien et de chef de troupe. Mais les difficultés financières ont eu raison de l'Illustre-Théâtre. Fin 1645, convaincu que ce qui reste de sa troupe a plus de chances de survivre et de trouver son public hors de la capitale, il rejoint, avec Joseph, Madeleine et Geneviève Béjart, la troupe de Dufresne, qui compte alors une vingtaine de comédiens et s'apprête à partir en tournée.

Sur les routes de province

La troupe de Dufresne passe d'une province à l'autre, se produisant ainsi en Normandie, en Guyenne, dans le Berry, sur les places, dans les cours des maisons et dans les salles de jeu de paume l'hiver. En 1650, alors que Molière en est devenu le chef, elle fait halte dans le Languedoc où le prince de Conti[2] assiste à l'une de ses représentations. Enthousiasmé par le jeu des comédiens, celui-ci leur accorde sa protection et les pensionne. La troupe – désormais «Comédiens du prince de Conti» –

---

[1]. L'installation d'une troupe dans un théâtre coûte cher et nécessite l'emploi temporaire de différentes personnes : décorateur, peintre, musicien, souffleur, ouvreur de loges, marchand de chandelles, copiste de rôles – pour recopier les rôles des comédiens –, moucheur de chandelles – pour allumer et éteindre les bougies...

[2]. *Le prince de Conti* : Armand de Bourbon, prince de Conti (1629-1666), est alors le troisième personnage du royaume. Dans le cas où le roi et son frère seraient venus à mourir avant lui, c'est à lui, en tant que premier prince du sang, et du fait de la disgrâce du prince de Condé, que serait revenue la couronne.

reprend la route, faisant étape à Grenoble, en 1652, avant de choisir Lyon comme port d'attache, en 1653. En 1655, la troupe y crée la première comédie de Molière, *L'Étourdi*. C'est un succès. Mais le prince de Conti, qui s'est converti au catholicisme, cesse de subventionner la troupe, l'Église et ses représentants jugeant très sévèrement les comédiens. Dans une lettre adressée à l'abbé de Ciron, il écrit : « Il y a des comédiens ici [à Lyon] qui portaient mon nom autrefois ; je leur ai fait dire de le quitter[1]. » La troupe reste unie. L'année suivante, elle monte une autre comédie de Molière, *Le Dépit amoureux*. En 1658, elle se rend à Rouen, où elle rencontre Pierre Corneille, qui est déjà un auteur célèbre de tragédies et pour lequel Molière a une profonde admiration. Puis elle reprend sa route en direction de Paris, forte d'une solide réputation et d'une grande expérience : ces treize années en province lui ont appris son métier, en lui permettant de s'adapter à des publics variés, aux goûts différents.

De retour dans la capitale

De retour à Paris et grâce à la protection de Monsieur, frère unique du roi, Molière et sa troupe se voient accorder le privilège de jouer devant Louis XIV et la cour. Le 24 octobre 1658, dans la salle des gardes du palais du Louvre, ils triomphent, moins grâce à *Nicomède*, une tragédie de Pierre Corneille devant laquelle le roi s'ennuie, que grâce au *Docteur amoureux*, une petite comédie de Molière, aujourd'hui perdue, qui le fait rire aux éclats[2]. Ce succès est décisif. Il assure à la troupe le soutien

---

1. Alfred Simon, *Molière, une vie*, La Manufacture, 1987, p. 131.
2. Le sujet n'est pas nouveau. Il a déjà été exploité par les comédiens italiens et a inspiré une petite comédie intitulée *Le Docteur amoureux* (1638) à un certain Le Vert. Molière a probablement vu ce sujet joué par les Italiens et s'en est sans doute servi pour créer son *Docteur amoureux*.

financier du souverain et lui permet de jouer dans la salle du Petit-Bourbon en alternance avec les Comédiens-Italiens[1] – parmi lesquels Scaramouche –, desquels elle apprend beaucoup. Là, elle représente des pièces de Corneille : des tragédies que les acteurs déclament, articulant beaucoup et forçant le ton. Cette manière de jouer peu naturelle n'attire pas le public. Molière et sa troupe reprennent alors *L'Étourdi* et *Le Dépit amoureux*. C'est un triomphe. Fort de ce succès, Molière revient à ces comédies qui ont fait la réputation de la troupe en province – *Les Trois Docteurs rivaux*, *Le Docteur amoureux*, *Le Maître d'école*, *Gros-René écolier*... Au sujet de ces petites pièces en un acte inspirées de la farce et de la *commedia dell'arte*, au nombre desquelles figurent *La Jalousie du Barbouillé* et *Le Médecin volant*, La Grange écrit dans son *Registre*[2] : « Il y avait longtemps qu'on ne parlait plus de petites comédies, l'invention en parut nouvelle. »

Deux petites comédies

Le *Registre* de La Grange indique que *Le Médecin volant* a été représenté pour la première fois le 18 avril 1659, devant le roi, puis à plusieurs reprises jusqu'en 1664, avant de disparaître du

---

1. *Comédiens-Italiens* : nom donné par Louis XIV à la troupe de Tiberio Fiorilli en 1653.
2. Le comédien Charles Valet, dit La Grange (1639-1692), intègre la troupe de Molière en 1659 pour jouer les rôles d'honnête homme. Dès cette année, il commence à tenir son registre. Celui-ci comporte les principales dates des représentations données par la troupe ; c'est, avec *La Vie de Molière* de Grimarest, un document d'époque précieux sur la vie et les activités de Molière et des membres de la troupe à leur retour dans la capitale.

répertoire de la troupe ; la date de la création de *La Jalousie du Barbouillé* est, elle, incertaine – on sait seulement, toujours grâce au *Registre* de La Grange, qu'elle a été jouée plusieurs fois entre décembre 1660 et septembre 1664, puis qu'elle a été retirée du répertoire de la troupe avant de fournir à Molière la scène 6 de l'acte III de *George Dandin* (1668)[1]. Il se peut par ailleurs que Molière ait exploité les thèmes de ces œuvres alors qu'il était encore en province.

Parce qu'elles sont assez éloignées des comédies plus élaborées de Molière, comme *Le Tartuffe* (1664), *Dom Juan* (1665) ou *Le Misanthrope* (1666), les spécialistes de l'auteur ont longtemps douté de la paternité de ces deux petites pièces. C'est oublier que Molière était un remarquable acteur, qui s'illustrait surtout dans des farces et petites comédies : avec son visage enfariné, ses grimaces de bouffon, sa démarche et sa manière de parler ou de tousser, il déclenchait les éclats de rire. Et c'est précisément cette connaissance des réactions du public qu'il a mise à profit en écrivant. Il a puisé son inspiration à plusieurs sources, qu'il a conjuguées : on retrouve dans ses textes l'influence des dramaturges de l'Antiquité – Plaute, Térence[2] –, mais aussi des farceurs du Moyen Âge, des comédiens italiens ou encore des auteurs espagnols. Mêler ces différentes sources lui permet d'atteindre son but : réussir à faire rire ses contemporains de ses personnages et, à travers ces derniers, d'eux-mêmes.

---

1. Voir dossier, p. 86.
2. *Plaute* (254-184 av. J.-C.) : poète comique latin à qui la légende attribue cent trente pièces. Vingt et une seulement lui sont aujourd'hui reconnues, dont les plus célèbres sont *Amphitryon*, *L'Aululaire*, *Les Ménechmes* et *Le Soldat fanfaron*. Ses personnages ont inspiré les farceurs et ils sont à l'origine des types de la *commedia dell'arte*. ***Térence*** (190-159 av. J.-C.) : poète comique latin, auteur de six comédies imitées des auteurs grecs parmi lesquelles figurent *L'Eunuque*, *Phormion* et *Les Adelphes*. Celles-ci ont inspiré les dramaturges classiques français et notamment Molière.

La Jalousie du Barbouillé, une pièce dans la tradition de la farce

Le sujet de *La Jalousie du Barbouillé* est déjà présent dans une nouvelle de l'écrivain florentin Boccace[1], *Le Jaloux corrigé* : alors que sa femme, qu'il pense infidèle, est à la porte de leur demeure, Toffano refuse de lui ouvrir. Grâce à un subterfuge, celle-ci inverse la situation : elle rentre dans la maison et son époux se retrouve à l'extérieur, face à une porte fermée. Molière connaissait peut-être la nouvelle de Boccace, mais les sujets du mari jaloux et de l'épouse infidèle sont à l'origine de plusieurs canevas de comédies italiennes et surtout de très nombreuses farces. Il est donc tout à fait possible que Molière ait assisté à une représentation de farceurs et qu'il s'en soit inspiré pour composer sa *Jalousie du Barbouillé*.

Probablement dérivée de l'atellane – pièce antique de caractère bouffon mettant en scène des personnages types –, et aussi en partie du fabliau – conte satirique en vers né au XIIe siècle –, la farce est l'une des plus anciennes formes du comique populaire. Apparue au Moyen Âge, c'est un intermède comique intercalé entre deux pièces sérieuses, qui a pour fonction de détendre les spectateurs. Elle connaît son apogée durant la seconde moitié du XVe siècle et au début du XVIe siècle, et continue d'attirer les foules jusque dans les années 1650. Mais, comparée à la comédie et surtout à la tragédie – dite le plus noble des genres –, elle est considérée comme «vulgaire». Comme celle de la comédie, l'intrigue de la farce est simple tout autant qu'efficace – le trompeur est trompé, le mari cocu soupçonne sa femme de lui être infidèle, le valet devient médecin malgré

---

1. *Boccace* (1313-1378) : premier grand prosateur italien dont l'œuvre la plus connue est *Le Décaméron*, un recueil de nouvelles dont est issu *Le Jaloux corrigé* et qui offre une peinture des mœurs du XIVe siècle.

lui... – et s'articule autour de personnages tirés de la réalité quotidienne[1], rappelant d'ailleurs ceux des comédies latines de Plaute et de Térence : le mari cocu, l'épouse infidèle, la fille à marier, le valet rusé, le paysan balourd, le barbon naïf, le vieil avare... La farce diffère de la comédie par sa tonalité ; elle met l'accent sur l'oralité : le langage y est populaire et les expressions y sont familières. Le public apprécie les situations cocasses qu'elle donne à voir, ses querelles, quiproquos, courses, grimaces et autres coups de bâton. Grossier et vulgaire, son comique est souvent obscène ou scatologique. Mais l'effet est garanti : le public rit aux éclats.

Que ce soit sur le plan de l'intrigue, des personnages ou de la dramaturgie, nombreux sont les éléments de *La Jalousie du Barbouillé* qui renvoient à l'univers de la farce. L'intrigue repose sur un renversement de situation caractéristique de la tradition farcesque : un mari jaloux, qui croit sa femme infidèle et pense la démasquer, se retrouve piégé par celle dont il pensait faire sa victime. Ensuite, la plupart de ses personnages sont des personnages types : on retrouve le mari jaloux – le Barbouillé –, l'épouse rusée et infidèle – Angélique –, la brave suivante – Cathau –, le médecin pédant – le Docteur. Enfin, on relève dans cette petite comédie plusieurs éléments qui ont trait au comique de mots – le recours fréquent du Docteur à des formules latines (scènes 2, 6 et dernière), à des énumérations (scènes 2 et 6) –, au comique de geste – les différents jeux de scène et mimiques des personnages, notamment du Docteur qui « trousse sa robe derrière son cul » (scène 2), et les querelles qui donnent lieu à la plus grande confusion (scène 6) – ou au comique de situation – les lamentations du Barbouillé (scène

---

[1]. La tragédie repose, elle, sur une intrigue complexe et met en scène des personnages nobles.

première) –, qui font écho à des farces telles que la *Farce nouvelle d'un ramoneur de cheminées fort joyeux*[1] ou *Le médecin qui guérit de toutes sortes de maladies*. Molière s'est familiarisé très tôt avec le jeu des farceurs. Plusieurs des membres de sa troupe ont été d'éminents farceurs avant de jouer à ses côtés et de tenir des rôles dans ses comédies. Par conséquent, que Molière ait composé sa pièce dans cette tradition n'a rien de surprenant.

Le Médecin volant, une pièce dans l'esprit de la *commedia dell'arte*

Le sujet du *Médecin volant* est directement inspiré de la *commedia dell'arte*. En effet, un *Trufaldino medico volante* (*Trufaldino, médecin volant*) de Francesco Leoni, créé en 1618, un *Medico volante* (*Le Médecin volant*), joué par Scaramouche en 1647, et plusieurs recueils de canevas contenant un *medico volante* tendent à indiquer que ce sujet était souvent mis en scène par les comédiens italiens[2]. Il est probable que Molière ait assisté à la représentation d'une de ces pièces, donnée par des Italiens, et qu'il s'en soit inspiré pour composer son *Médecin volant*.

Héritiers des histrions, des bouffons, des saltimbanques et amuseurs itinérants, les comédiens italiens, qui se sont constitués en troupes professionnelles au début du XVIe siècle, ont commencé à développer leur art en France sur l'invitation de Catherine de Médicis à la fin du XVIe siècle et se sont imposés

---

1. Dans la scène 2 de *La Jalousie du Barbouillé*, le Barbouillé qualifie le Docteur de « ramoneur de cheminée ». Peut-être s'agit-il là d'une allusion à cette farce très populaire à l'époque.
2. Ces recueils de canevas dans lesquels figurent *Trufaldino medico volante* et *Medico volante*, qui datent du XVIIe siècle, sont le recueil de Bartoli, *Scenari inediti della commedia dell'arte*, publié à Florence en 1880, et un recueil de canevas napolitains anonyme.

dans la capitale au cours de la première moitié du XVIIe. Leur conception du théâtre diffère de celle des acteurs français. Contrairement à ces derniers, ils n'apprennent pas un texte mais s'appuient sur un canevas – résumé des principales péripéties de l'intrigue – accroché en coulisses. Chaque comédien improvise en ayant à l'esprit un répertoire de répliques, de gestes et de mimiques caractéristiques de son personnage, et qu'il adapte selon les situations[1]. Si le jeu des comédiens français est plutôt statique, celui des comédiens italiens est très dynamique : jeux de scène, déplacements et acrobaties sont multiples. Ils ne parlent pas français mais pallient cet inconvénient en s'exprimant à l'aide de *lazzi*, plaisanteries moqueuses prononcées avec un ton appuyé et adaptées aux circonstances, compréhensibles par tous. Enfin, ce qui caractérise ce théâtre, ce sont ses types – personnages que l'on reconnaît à leur masque et à leur costume et dont on devine très vite la fonction et le caractère : Arlequin, Brighella, Polichinelle – les *zanni* ou valets –, Cinthio, Flavio, Ottavio, Leandro – les amoureux –, Isabelle, Flaminia, Silvia – les amoureuses –, Pantalon et le Docteur – les vieillards –, Licetta et Colombine – les soubrettes…

Outre son sujet, plusieurs éléments du *Médecin volant* rappellent cet univers : le déguisement du valet en médecin pour permettre à son maître de conquérir celle qu'il aime ; les personnages – Gorgibus rappelle Pantalon, le vieillard ridicule ; Sganarelle fait penser à Arlequin, le valet bouffon ; le médecin ignorant joué par Sganarelle s'apparente au Docteur ; Valère est le type de l'amoureux ; et Lucinde de l'amoureuse… Enfin, sur le plan de la dramaturgie, la pièce recourt au comique de mots

---

1. Dans la scène 3 du *Médecin volant*, la didascalie « galimatias », qui indique que l'auteur laisse le soin d'improviser au comédien qui incarne Gros-René, est caractéristique des canevas de la *commedia dell'arte*.

– les expressions qu'utilise Sganarelle pour faire croire qu'il est un véritable médecin (scènes 4 et 8) –, au comique de geste – avec Sganarelle jouant alternativement le médecin et son frère et embrassant son chapeau et sa fraise placés au bout de son coude – ou au comique de situation – telle la scène de querelle imaginée par Sganarelle, interprétant tour à tour le médecin et son frère, et changeant d'habit en passant par la fenêtre. Parce qu'il a plusieurs fois croisé la route des comédiens italiens, il n'est pas étonnant que Molière ait écrit sa pièce dans l'esprit de la *commedia dell'arte*.

Deux comédies satiriques

Corriger les mœurs de ses contemporains par le rire, tel est l'objectif que poursuit Molière à travers ses comédies. Parmi ses cibles privilégiées, on trouve des bourgeois, des paysans, des précieux, des dévots et des médecins… La satire de la médecine et de ses praticiens est une tradition ancienne du comique populaire.

La satire est un procédé littéraire qui consiste à faire la critique de quelqu'un ou de quelque chose en s'en moquant. Dans ses deux petites comédies, Molière raille ces personnages qui se disent médecins parce qu'ils portent une robe et un bonnet, et raille aussi la médecine qu'ils exercent. Il leur reproche de recourir à des termes et à des phrases dont ils ne comprennent pas le sens pour dissimuler leur ignorance, d'appliquer mécaniquement des remèdes pour masquer leur incapacité à soigner et à guérir leurs patients, d'abuser de la crédulité de ces derniers et d'être plus attentifs à leurs gains qu'à la santé de ceux qui les sollicitent.

L'habit ne fait pas le médecin... Telle pourrait être la devise de Molière. Il n'attaque pas les médecins attentifs aux nouvelles découvertes scientifiques ni la médecine comme source de progrès, mais les faux médecins ou médecins imposteurs et la fausse médecine qu'ils délivrent, selon lui «une des plus grandes folies qui soit parmi les hommes[1]».

Molière ou le «génie comique»

Tout au long de sa carrière, Molière alterne les petites comédies inspirées de la tradition de la farce, comme *La Jalousie du Barbouillé* et *Le Mariage forcé* (1664), ou de la *commedia dell'arte*, comme *Le Docteur amoureux* (1657) et *Le Médecin volant*, les comédies légères en trois actes, comme *L'Amour médecin* (1665), *Le Médecin malgré lui* (1666) et *Les Fourberies de Scapin* (1671), et les grandes comédies traitant sur le mode comique de sujets plus sérieux, comme *Le Tartuffe* (1664), *Le Misanthrope* (1666) et *Le Malade imaginaire* (1673).

Dans *La Jalousie du Barbouillé* et *Le Médecin volant*, sont déjà présents les éléments qui feront plus tard la spécificité du

---

[1]. Molière n'aura de cesse de se moquer de ces imposteurs, que ce soit dans ses petites comédies, comme *Le Mariage forcé*, ses comédies légères, comme *L'Amour médecin* ou *Le Médecin malgré lui*, ou ses grandes comédies, comme *Dom Juan*, *Le Misanthrope*, *Monsieur de Pourceaugnac* et *Le Malade imaginaire*.

théâtre de Molière. Son génie aura été de réussir à renouveler la comédie en opérant une synthèse entre sa connaissance de traditions théâtrales comiques différentes et son expérience de comédien, de directeur de troupe et d'auteur.

La comédie est longtemps demeurée dans l'ombre de la tragédie et le personnage comique dans l'ombre du héros tragique. Molière a tenté de s'imposer comme auteur tragique, avec une pièce intitulée *Dom Garcie de Navarre* (1661), et comme interprète de l'œuvre de Pierre Corneille, en jouant *Nicomède*, *Héraclius*, *Rodogune*, *Cinna*, *La Mort de Pompée*, *Attila*, *Tite et Bérénice*... et en allant même jusqu'à se faire représenter par le peintre Nicolas Mignard dans le rôle de César de *La Mort de Pompée*... Mais il n'a pas été le grand auteur tragique qu'il a un temps, dans l'ombre du grand Corneille, peut-être rêvé d'être. Cependant, en tournant en ridicule les travers de ses contemporains et en renouvelant la comédie pour corriger les mœurs de ces derniers tout en les divertissant, il a donné ses lettres de noblesse au personnage comique.

■ Molière, par Nicolas Mignard (1606-1668).
Chantilly, Musée Condé.

CHRONOLOGIE

1622 1673
1622 1673

- **Repères historiques et culturels**
- **Vie et œuvre de l'auteur**

Repères historiques et culturels

1610	Assassinat d'Henri IV. Louis XIII n'a que neuf ans. Sa mère, Marie de Médicis, assure la régence.
1617	Début du règne personnel de Louis XIII.
1621	Naissance de Jean de La Fontaine.
1622	Naissance de Blaise Pascal.
1623	À Versailles, construction d'un petit château qui sert de relais de chasse à Louis XIII.
1624	Richelieu devient principal ministre.
1635	Fondation de l'Académie française par Richelieu.
1637	Publication du *Discours de la méthode*, de Descartes. Création du *Cid*, de Pierre Corneille.
1638	Naissance du futur Louis XIV.
1639	Naissance de Jean Racine.
1640	Arrivée à Paris de Tiberio Fiorilli, dit Scaramouche.
1642	Mort de Richelieu. Mazarin devient principal ministre.

Vie et œuvre de l'auteur

1622 Naissance à Paris de Jean-Baptiste Poquelin, fils de Jean Poquelin, tapissier du roi, et de Marie Cressé.

1631 Son père achète la prestigieuse charge de «tapissier et valet de chambre ordinaire du roi».

1632 Mort de la mère de Jean-Baptiste.

1633 Accompagné de son grand-père maternel Louis Cressé, il fréquente régulièrement l'Hôtel de Bourgogne, où se produisent les farceurs italiens.

1635 Il entre au collège de Clermont, tenu par les jésuites, l'actuel lycée Louis-le-Grand. Il y étudiera jusqu'en 1639.

1637 Il s'engage à reprendre la charge de «tapissier et valet de chambre ordinaire du roi» de son père.

1640 Il quitte Paris pour Orléans, où il entreprend des études de droit.
De retour à Paris, il rencontre Scaramouche et se lie avec une famille de comédiens, les Béjart.

1642 Il obtient sa licence en droit à Orléans, devient avocat, mais abandonne cette voie et choisit de devenir comédien.
Tombé amoureux de la jeune Madeleine Béjart, il s'installe dans la famille de cette dernière.

Repères historiques et culturels

1643 Mort de Louis XIII. Début du règne de Louis XIV, qui n'a que cinq ans.
Sa mère, Anne d'Autriche, assure la régence avec l'aide de Mazarin.

1645 Naissance de Jean de La Bruyère.

1648 Début de la Fronde (révolte contre le pouvoir royal, menée successivement par le Parlement et par les princes).

1650 Mort de René Descartes.

1652 Fin de la Fronde.

1654 Sacre de Louis XIV.

Vie et œuvre de l'auteur

1643 Il renonce à reprendre la charge de «tapissier ordinaire du roi», héritée de son père, et fonde avec les Béjart l'Illustre-Théâtre.

1644 Il devient directeur de la troupe et prend le nom de Molière.

1645 Criblé de dettes, il est emprisonné au Châtelet. Libéré grâce à l'intervention de son père, il quitte Paris pour la province. Il y joue de nombreuses farces dont quelques-unes seulement nous sont parvenues.

1653 Le prince de Conti accorde sa protection à la troupe.

1655 Molière crée à Lyon sa première comédie en cinq actes et en vers, *L'Étourdi ou les Contretemps*.

1656 *Le Dépit amoureux*, la deuxième pièce de Molière, est jouée à Béziers.

1658 Molière est de retour à Paris. Il reçoit la protection de Monsieur, frère du roi, joue *Nicomède*, de Pierre Corneille, puis l'une de ses farces, *Le Docteur amoureux*, devant le roi et la cour.
Il obtient le droit de s'installer au Petit-Bourbon en alternance avec les Italiens.

1659 Molière et sa troupe représentent *Le Médecin volant* et créent *Les Précieuses ridicules*, une comédie qui fait la satire de la préciosité.

Repères historiques et culturels

1660   Mariage de Louis XIV et de Marie-Thérèse, infante d'Espagne. Départ précipité de la troupe des Italiens, pour des raisons obscures.

1661   Mort de Mazarin. Début du règne personnel de Louis XIV.
Début des travaux de rénovation du château de Versailles par Le Vau et Le Nôtre.

1662   Mort de Blaise Pascal.

1664   Début des mouvements contre les théâtres, organisés en province par les dévots.

1665   Colbert est nommé contrôleur général des Finances.

1666   Mort d'Anne d'Autriche.

1667   Création d'*Andromaque*, de Racine.

1668   Publication du premier recueil des *Fables* de La Fontaine (six premiers livres).

Vie et œuvre de l'auteur

1660 *La Jalousie du Barbouillé*.
La troupe s'installe dans la salle du Palais-Royal, construite par Richelieu et à l'origine destinée à l'opéra (elle accueille aujourd'hui la Comédie-Française). *Sganarelle ou le Cocu imaginaire*, histoire d'un homme angoissé à l'idée de devenir cocu.

1661 *Les Fâcheux*, comédie d'un nouveau genre puisqu'il s'agit d'une comédie-ballet. *L'École des maris*, comédie dans laquelle sont opposées deux manières d'éduquer les jeunes filles.

1662 Molière épouse Armande Béjart, fille (ou sœur?) de Madeleine Béjart.
L'École des femmes, comédie sur l'éducation des jeunes femmes.

1663 Début de la querelle de *L'École des femmes*.
Pour répondre à ses détracteurs, Molière écrit deux pièces : *La Critique de l'École des femmes* et *L'Impromptu de Versailles*.

1664 Molière baptise son fils. Louis XIV en est le parrain. L'enfant meurt prématurément.
Le Tartuffe, comédie raillant les faux dévots. La pièce est aussitôt interdite.

1665 *Dom Juan*, comédie qui met en scène un séducteur défiant Dieu et la société. La pièce n'est pas officiellement interdite mais, malgré le vif succès qu'elle rencontre, elle est retirée après quinze représentations.
La troupe devient «troupe du roi».

1666 *Le Misanthrope*.
Le Médecin malgré lui, comédie centrée sur les facéties du valet Sganarelle, travesti en médecin.

1668 Molière et sa troupe créent *Amphitryon*, *George Dandin* – comédie sur les amours tumultueuses d'un paysan naïf, qui reprend une scène de *La Jalousie du Barbouillé* – et *L'Avare*.

Repères historiques et culturels

1670 Composition de la musique du *Bourgeois gentilhomme*, par Lulli.

Vie et œuvre de l'auteur

1669   Le roi lève l'interdiction qui frappait *Le Tartuffe*. La pièce est à nouveau jouée avec succès.

1670   *Le Bourgeois gentilhomme*, comédie-ballet.

1671   *Les Fourberies de Scapin*.

1672   *Les Femmes savantes*.

1673   *Le Malade imaginaire*, comédie-ballet mettant en scène un vieillard obsédé par l'idée d'être malade.
Au cours de la quatrième représentation, le 17 février, Molière est pris de violentes convulsions sur scène. Il meurt quelques heures plus tard. Il est inhumé de nuit dans le cimetière Saint-Joseph, après une intervention de Louis XIV, à la demande d'Armande Béjart qui souhaitait que son époux fût enterré chrétiennement.

NOTE SUR L'ÉDITION : les textes de *La Jalousie du Barbouillé* et du *Médecin volant* n'ont pas été publiés du vivant de Molière. Ils ont été retrouvés au début du XVIIIe siècle par un certain Jean-Baptiste Rousseau, dramaturge et poète. Ces deux comédies devaient être insérées dans l'édition de 1734 des *Œuvres de Molière*. Elles n'y figurèrent pas et il fallut attendre 1819 pour qu'elles soient publiées, d'après les manuscrits de Jean-Baptiste Rousseau, sous le titre *Deux Pièces inédites de Molière*. Elles apparaissent depuis cette date dans toutes les éditions des œuvres complètes de Molière. La première d'entre elles à les reproduire est l'édition d'Eugène Despois et de Paul Mesnard, en 1873, que reprennent les textes du présent volume.

La Jalousie
du Barbouillé

ACTEURS[1]

Le Barbouillé, mari d'Angélique.
Le Docteur.
Angélique, fille de Gorgibus.
Valère, amant[2] d'Angélique.
Cathau, suivante[3] d'Angélique.
Gorgibus, père d'Angélique.
Villebrequin.

---

1. *Acteurs* : aux XVIIe et XVIIIe siècles, c'est par ce terme que l'on désigne les comédiens. L'acteur est « celui qui représente un personnage dans une pièce de théâtre » (*Dictionnaire de l'Académie*, 1694).
2. *Amant* : celui qui aime et qui est aimé en retour.
3. *Suivante* : domestique.

Scène première

Le Barbouillé

Il faut avouer que je suis le plus malheureux de tous les hommes. J'ai une femme qui me fait enrager : au lieu de me donner du soulagement et de faire les choses à mon souhait[1], elle me fait donner au diable[2] vingt fois le jour ; au lieu de se tenir à la maison, elle aime la promenade, la bonne chère[3], et fréquente je ne sais quelle sorte de gens. Ah ! pauvre Barbouillé[4], que tu es misérable ! Il faut pourtant la punir. Si je la tuais… L'invention[5] ne vaut rien, car tu serais pendu. Si tu la faisais mettre en prison… La carogne[6] en sortirait avec son passe-partout. Que diable faire donc ? Mais voilà Monsieur le Docteur qui passe par ici : il faut que je lui demande un bon conseil sur ce que je dois faire.

---

1. *À mon souhait* : comme je le veux.
2. *Elle me fait donner au diable* : elle m'impose des choses pénibles.
3. *La bonne chère* : les bons repas.
4. *Barbouillé* : « personne qui dit ou fait quelque chose de fort déraisonnable, et de fort ridicule » (*Dictionnaire de l'Académie*, 1694).
5. *Invention* : trouvaille.
6. *Carogne* : charogne.

Scène 2

Le Docteur, le Barbouillé

Le Barbouillé. – Je m'en allais vous chercher pour vous faire une prière[1] sur une chose qui m'est d'importance.

Le Docteur. – Il faut que tu sois bien mal appris, bien lourdaud[2], et bien mal morigéné[3], mon ami, puisque tu m'abordes sans ôter ton chapeau, sans observer *rationem loci, temporis et personæ*[4]. Quoi ? débuter d'abord par un discours mal digéré[5], au lieu de dire : *Salve, vel Salvus sis, Doctor Doctorum eruditissime*[6] ! Hé ! pour qui me prends-tu, mon ami ?

Le Barbouillé. – Ma foi, excusez-moi : c'est que j'avais l'esprit en écharpe[7], et je ne songeais pas à ce que je faisais ; mais je sais bien que vous êtes galant homme.

Le Docteur. – Sais-tu bien d'où vient le mot de *galant homme* ?

Le Barbouillé. – Qu'il vienne de Villejuif ou d'Aubervilliers, je ne m'en soucie guère.

Le Docteur. – Sache que le mot de *galant homme* vient d'*élégant* ; prenant le *g* et l'*a* de la dernière syllabe, cela fait *ga*, et puis prenant *l*, ajoutant un *a* et les deux dernières

---

1. *Pour vous faire une prière* : pour vous solliciter, pour connaître votre avis.
2. *Lourdaud* : rude, sans éducation.
3. *Mal morigéné* : mal élevé.
4. *Rationem loci, temporis et personæ* : « ce qui convient raisonnablement au temps, au lieu et à la personne », en latin.
5. *Mal digéré* : irréfléchi.
6. *Salve, vel Salvus sis, Doctor Doctorum eruditissime !* : « Salut, ou plutôt Portez-vous bien, Docteur, le plus érudit de tous les docteurs ! » (en latin).
7. *J'avais l'esprit en écharpe* : je ne pensais pas à ce que je disais. « Un homme a l'esprit en écharpe, pour dire [...] qu'il n'a point de jugement, de bon sens » (*Dictionnaire de Furetière*, 1690).

lettres, cela fait *galant*, et puis ajoutant *homme*, cela fait *galant homme*. Mais encore pour qui me prends-tu ?
LE BARBOUILLÉ. – Je vous prends pour un docteur. Or çà, parlons un peu de l'affaire que je vous veux proposer. Il faut que vous sachiez…
LE DOCTEUR. – Sache auparavant que je ne suis pas seulement un docteur, mais que je suis une, deux, trois, quatre, cinq, six, sept, huit, neuf, et dix fois docteur :
1° Parce que, comme l'unité est la base, le fondement et le premier de tous les nombres, aussi, moi, je suis le premier de tous les docteurs, le docte des doctes.
2° Parce qu'il y a deux facultés[1] nécessaires pour la parfaite connaissance de toutes choses : le sens et l'entendement ; et comme je suis tout sens et tout entendement, je suis deux fois docteur.
LE BARBOUILLÉ. – D'accord. C'est que…
LE DOCTEUR. – 3° Parce que le nombre de trois est celui de la perfection, selon Aristote[2] ; et comme je suis parfait, et que toutes mes productions le sont aussi, je suis trois fois docteur.
LE BARBOUILLÉ. – Hé bien ! Monsieur le Docteur…
LE DOCTEUR. – 4° Parce que la philosophie a quatre parties : la logique, morale, physique et métaphysique[3] ; et comme je les possède toutes quatre, et que je suis parfaitement versé en icelles[4], je suis quatre fois docteur.

---

1. *Facultés* : capacités intellectuelles. Le *sens* désigne la capacité à raisonner et l'*entendement* la capacité à comprendre.
2. *Aristote* (384-322 av. J.-C.) : philosophe grec auteur de traités de logique, de morale, de physique et de métaphysique.
3. La *logique* est la science qui permet de perfectionner son raisonnement ; la *morale* apprend à bien conduire sa vie ; la *physique* enseigne les propriétés de la matière, de l'espace et du temps et la *métaphysique* à élever son esprit afin de pouvoir contempler les choses abstraites et spirituelles.
4. *Versé en icelles* : instruit dans chacune d'elles.

Le Barbouillé. – Que diable ! je n'en doute pas. Écoutez-moi donc.

Le Docteur. – 5° Parce qu'il y a cinq universelles[1] : le genre, l'espèce, la différence, le propre et l'accident, sans la connaissance desquels il est impossible de faire aucun bon raisonnement ; et comme je m'en sers avec avantage, et que j'en connais l'utilité, je suis cinq fois docteur.

Le Barbouillé. – Il faut que j'aie bonne patience.

Le Docteur. – 6° Parce que le nombre de six est le nombre du travail[2] ; et comme je travaille incessamment pour ma gloire, je suis six fois docteur.

Le Barbouillé. – Ho ! parle tant que tu voudras.

Le Docteur. – 7° Parce que le nombre de sept est le nombre de la félicité[3] ; et comme je possède une parfaite connaissance de tout ce qui peut rendre heureux, et que je le suis en effet par mes talents, je me sens obligé de dire de moi-même : *O ter quatuorque beatum*[4] !

8° Parce que le nombre de huit est le nombre de la justice, à cause de l'égalité qui se rencontre en lui[5], et que la justice et la prudence avec laquelle je mesure et pèse toutes mes actions me rendent huit fois docteur.

9° Parce qu'il y a neuf Muses[6], et que je suis également chéri d'elles.

---

1. *Universelles* : ou universaux ; dans l'histoire de la philosophie et de la logique, notions qui définissent la manière dont un concept est lié au sujet.
2. La Genèse indique que le monde a été créé en six jours.
3. Le chiffre sept est récurrent dans la Bible (la Genèse indique notamment que Dieu a créé un monde parfait en six jours et s'est reposé le septième) : il renvoie à la perfection.
4. *O ter quatuorque beatum !* : « ô trois et quatre fois heureux ! » (en latin). Mais le médecin se trompe : il aurait fallu utiliser *quater* et non *quatuor*.
5. Le chiffre huit est le symbole de l'équilibre. C'est la raison pour laquelle il est associé à la justice.
6. *Muses* : ce terme désigne les neuf déesses grecques symbolisant les arts – Clio (histoire), Euterpe (musique), Thalie (comédie), Melpomène (tragédie), Terpsichore (danse), Érato (élégie), Polhymnie (poésie lyrique), Uranie (astronomie), Calliope (éloquence).

10° Parce que, comme on ne peut passer le nombre de dix sans faire une répétition des autres nombres, et qu'il est le nombre universel, aussi, aussi, quand on m'a trouvé, on a trouvé le docteur universel : je contiens en moi tous les autres docteurs. Ainsi tu vois par des raisons plausibles, vraies, démonstratives et convaincantes, que je suis une, deux, trois, quatre, cinq, six, sept, huit, neuf, et dix fois docteur.

LE BARBOUILLÉ. – Que diable est ceci ? Je croyais trouver un homme bien savant, qui me donnerait un bon conseil, et je trouve un ramoneur de cheminée qui, au lieu de me parler, s'amuse à jouer à la mourre[1]. Un, deux, trois, quatre, ha, ha, ha ! – Oh bien ! ce n'est pas cela : c'est que je vous prie de m'écouter, et croyez que je ne suis pas un homme à vous faire perdre vos peines, et que si vous me satisfaisiez sur ce que je veux de vous, je vous donnerai ce que vous voudrez ; de l'argent, si vous en voulez.

LE DOCTEUR. – Hé ! De l'argent.

LE BARBOUILLÉ. – Oui, de l'argent, et toute autre chose que vous pourriez demander.

LE DOCTEUR, *troussant sa robe derrière son cul*. – Tu me prends donc pour un homme à qui l'argent fait tout faire, pour un homme attaché à l'intérêt, pour une âme mercenaire[2] ? Sache, mon ami, que quand tu me donnerais une bourse pleine de pistoles[3], et que cette bourse serait dans une riche boîte, cette boîte dans un étui précieux, cet étui dans un coffret admirable, ce coffret dans un cabinet curieux[4],

---

1. *Jouer à la mourre* : « jeu fort commun en Italie, que deux personnes jouent ensemble en se montrant les doigts en partie élevés et en partie fermés et en devinant en même temps le nombre de ceux qui sont levés » (*Dictionnaire de Furetière*, 1690).
2. *Mercenaire* : qui ne travaille que pour un salaire, intéressé.
3. *Pistoles* : ancienne monnaie d'or battue en Espagne et en Italie.
4. *Cabinet curieux* : cabinet de curiosités.

ce cabinet dans une chambre magnifique, cette chambre dans un appartement agréable, cet appartement dans un château pompeux[1], ce château dans une citadelle incomparable, cette citadelle dans une ville célèbre, cette ville dans une île fertile, cette île dans une province opulente[2], cette province dans une monarchie florissante, cette monarchie dans tout le monde ; et que tu me donnerais le monde où serait cette monarchie florissante, où serait cette province opulente, où serait cette île fertile, où serait cette ville célèbre, où serait cette citadelle incomparable, où serait ce château pompeux, où serait cet appartement agréable, où serait cette chambre magnifique, où serait ce cabinet curieux, où serait ce coffret admirable, où serait cet étui précieux, où serait cette riche boîte dans laquelle serait enfermée la bourse pleine de pistoles, que je me soucierais aussi peu de ton argent et de toi que de cela.

LE BARBOUILLÉ. – Ma foi, je m'y suis mépris[3] : à cause qu'il est vêtu comme un médecin, j'ai cru qu'il lui fallait parler d'argent ; mais puisqu'il n'en veut point, il n'y a rien de plus aisé que de le contenter. Je m'en vais courir après lui.

Scène 3

ANGÉLIQUE, VALÈRE, CATHAU

ANGÉLIQUE. – Monsieur, je vous assure que vous m'obligez beaucoup[4] de me tenir quelquefois compagnie : mon mari

---

1. *Pompeux* : luxueux.
2. *Opulente* : riche.
3. *Je m'y suis mépris* : je me suis trompé sur ce point.
4. *Vous m'obligez beaucoup* : je vous suis très reconnaissante.

est si mal bâti, si débauché, si ivrogne, que ce m'est un supplice d'être avec lui, et je vous laisse à penser quelle satisfaction on peut avoir d'un rustre[1] comme lui.

VALÈRE. – Mademoiselle, vous me faites trop d'honneur de me vouloir souffrir[2], et je vous promets de contribuer de tout mon pouvoir à votre divertissement; et que, puisque vous témoignez[3] que ma compagnie ne vous est point désagréable, je vous ferai connaître combien j'ai de joie de la bonne nouvelle que vous m'apprenez, par mes empressements[4].

CATHAU. – Ah! changez de discours : voyez porte-guignon[5] qui arrive.

Scène 4

LE BARBOUILLÉ, VALÈRE, ANGÉLIQUE, CATHAU

VALÈRE. – Mademoiselle, je suis au désespoir de vous apporter de si méchantes[6] nouvelles; mais aussi bien les auriez-vous apprises de quelque autre : et puisque votre frère est fort malade…

ANGÉLIQUE. – Monsieur, ne m'en dites pas davantage; je suis votre servante, et vous rends grâces de[7] la peine que vous avez prise.

---

1. *Rustre* : personnage grossier.
2. *Me vouloir souffrir* : supporter ma présence.
3. *Vous témoignez* : vous m'assurez.
4. *Empressements* : hâte, enthousiasme.
5. *Porte-guignon* : surnom donné au Barbouillé, dont la venue est signe de malchance; il est celui qui porte la «guigne».
6. *Méchantes* : mauvaises.
7. *Vous rends grâces de* : vous remercie pour.

LE BARBOUILLÉ. – Ma foi, sans aller chez le notaire, voilà le certificat de mon cocuage. Ha! ha! Madame la carogne, je vous trouve avec un homme, après toutes les défenses que je vous ai faites, et vous me voulez envoyer de Gemini en Capricorne[1]!

ANGÉLIQUE. – Hé bien! faut-il gronder[2] pour cela? Ce Monsieur vient de m'apprendre que mon frère est bien malade : où est le sujet de querelles?

CATHAU. – Ah! le voilà venu : je m'étonnais bien si nous aurions longtemps du repos.

LE BARBOUILLÉ. – Vous vous gâteriez[3], par ma foi, toutes deux, Mesdames les carognes; et toi, Cathau, tu corromps ma femme : depuis que tu la sers, elle ne vaut pas la moitié de ce qu'elle valait.

CATHAU. – Vraiment oui, vous nous la baillez bonne[4].

ANGÉLIQUE. – Laisse là cet ivrogne; ne vois-tu pas qu'il est si soûl qu'il ne sait ce qu'il dit?

Scène 5

GORGIBUS, VILLEBREQUIN, ANGÉLIQUE, CATHAU,
LE BARBOUILLÉ

GORGIBUS. – Ne voilà pas encore mon maudit gendre qui querelle ma fille?

VILLEBREQUIN. – Il faut savoir ce que c'est.

---

1. Les Gémeaux (*Gemini*) symbolisent l'union et la fidélité dans le couple alors que le *Capricorne* représente le cocuage, les cornes de l'animal renvoyant à celles dont on affuble le mari lorsqu'il est trompé.
2. *Gronder* : s'emporter.
3. *Vous vous gâteriez* : vous vous feriez du mal.
4. *Vous nous la baillez bonne* : vous ne dites que des bêtises.

GORGIBUS. – Hé quoi ? Toujours se quereller ! Vous n'aurez
point la paix dans votre ménage ?
LE BARBOUILLÉ. – Cette coquine-là m'appelle ivrogne. Tiens, je suis bien tenté de te bailler une quinte major[1], en présence de tes parents.
GORGIBUS. – Je dédonne au diable l'escarcelle[2], si vous l'aviez fait.
ANGÉLIQUE. – Mais aussi c'est lui qui commence toujours à…
CATHAU. – Que maudite soit l'heure que[3] vous avez choisi ce grigou[4] !…
VILLEBREQUIN. – Allons, taisez-vous, la paix !

Scène 6

LE DOCTEUR, VILLEBREQUIN, GORGIBUS, CATHAU, ANGÉLIQUE, LE BARBOUILLÉ

LE DOCTEUR. – Qu'est ceci ? quel désordre ! quelle querelle ! quel grabuge ! quel vacarme ! quel bruit ! quel différend ! quelle combustion[5] ! Qu'y a-t-il, Messieurs ? Qu'y a-t-il ? Qu'y a-t-il ? Çà, çà, voyons un peu s'il n'y a pas moyen de vous mettre d'accord, que je sois votre pacificateur, que j'apporte l'union chez vous ?
GORGIBUS. – C'est mon gendre et ma fille qui ont eu bruit ensemble[6].

---

1. *De te bailler une quinte major* : de te donner une claque ; au jeu du piquet – un jeu de cartes –, la quinte major représente une main réunissant une suite de cinq cartes d'une même couleur commençant par l'as.
2. *Je dédonne au diable l'escarcelle* : je donne ma bourse au diable (juron).
3. *Que* : où.
4. *Grigou* : coquin, misérable.
5. *Quelle combustion !* : quelle agitation !
6. *Qui ont eu bruit ensemble* : qui se sont disputés.

LE DOCTEUR. – Et qu'est-ce que c'est ? Voyons, dites-moi un peu la cause de leur différend.
GORGIBUS. – Monsieur...
LE DOCTEUR. – Mais en peu de paroles.
GORGIBUS. – Oui-da[1]. Mettez donc votre bonnet[2].
LE DOCTEUR. – Savez-vous d'où vient le mot bonnet ?
GORGIBUS. – Nenni[3].
LE DOCTEUR. – Cela vient de *bonum est*, « bon est, voilà qui est bon » parce qu'il garantit des[4] catarrhes[5] et fluxions[6].
GORGIBUS. – Ma foi, je ne savais pas cela.
LE DOCTEUR. – Dites donc vite cette querelle.
GORGIBUS. – Voici ce qui est arrivé...
LE DOCTEUR. – Je ne crois pas que vous soyez homme à me tenir[7] longtemps, puisque je vous en prie. J'ai quelques affaires pressantes qui m'appellent à la ville ; mais pour remettre la paix dans votre famille, je veux bien m'arrêter un moment.
GORGIBUS. – J'aurai fait en un moment.
LE DOCTEUR. – Soyez donc bref.
GORGIBUS. – Voilà qui est fait incontinent[8].
LE DOCTEUR. – Il faut avouer, Monsieur Gorgibus, que c'est une belle qualité que de dire les choses en peu de paroles, et que les grands parleurs[9], au lieu de se faire écouter, se rendent le plus souvent si importuns[10] qu'on ne les entend

---

1. *Oui-da* : oui (familier). « Da » vient renforcer l'affirmation.
2. À l'époque de Molière, les médecins portent un bonnet, c'est-à-dire un chapeau noir pointu.
3. *Nenni* : non ; ce terme est souvent utilisé pour répondre à une question qui contient en elle la réponse.
4. *Il garantit des* : il protège contre les.
5. *Catarrhes* : rhumes.
6. *Fluxions* : ici, fluxions de poitrine, pneumonies.
7. *Tenir* : retenir.
8. *Incontinent* : immédiatement.
9. *Grands parleurs* : ici, ceux qui parlent longuement.
10. *Importuns* : irritants, pénibles.

point : *Virtutem primam esse puta compescere linguam*[1].
Oui, la plus belle qualité d'un honnête homme, c'est de
parler peu.

GORGIBUS. – Vous saurez donc...

LE DOCTEUR. – Socrate[2] recommandait trois choses fort soigneusement à ses disciples : la retenue dans les actions, la sobriété dans le manger, et de dire les choses en peu de paroles. Commencez donc, Monsieur Gorgibus.

GORGIBUS. – C'est ce que je veux faire.

LE DOCTEUR. – En peu de mots, sans façon, sans vous amuser à beaucoup de discours, tranchez-moi d'un apophtegme[3], vite, vite, Monsieur Gorgibus, dépêchons, évitez la prolixité[4].

GORGIBUS. – Laissez-moi donc parler.

LE DOCTEUR. – Monsieur Gorgibus, touchez là[5] : vous parlez trop ; il faut que quelque autre me dise la cause de leur querelle.

VILLEBREQUIN. – Monsieur le Docteur, vous saurez que...

LE DOCTEUR. – Vous êtes un ignorant, un indocte[6], un homme ignare de toutes les bonnes disciplines, un âne en bon français. Hé quoi ? Vous commencez la narration sans avoir fait un mot d'exorde[7] ? Il faut que quelque autre me

---

1. *Virtutem primam esse puta compescere linguam* : «songe que la première vertu est de tenir sa langue» (en latin). Ce précepte est tiré d'un petit livre de morale pour enfants : le *Catonet*.
2. *Socrate* : philosophe grec (470-399 av. J.-C.) connu grâce aux écrits de son disciple Platon (427-347 av. J.-C.), qui en a fait le personnage central de ses *Dialogues*.
3. *Tranchez-moi d'un apophtegme* : évitez-moi d'avoir à écouter des maximes, une parole grandiloquente.
4. *La prolixité* : les bavardages inutiles.
5. *Touchez là* : donnez-moi la main. Cette formule était utilisée pour signifier son accord. Ici, le Docteur l'emploie pour signifier le contraire...
6. *Un indocte* : un non-savant ; contraire du docte.
7. *Exorde* : en rhétorique, nom donné à la première partie d'un discours (préambule, introduction, entrée en matière).

conte le désordre. Mademoiselle, contez-moi un peu le détail de ce vacarme.

ANGÉLIQUE. – Voyez-vous bien là mon gros coquin, mon sac à vin[1] de mari ?

LE DOCTEUR. – Doucement, s'il vous plaît : parlez avec respect de votre époux, quand vous êtes devant la moustache d'un docteur comme moi.

ANGÉLIQUE. – Ah ! vraiment oui, docteur ! Je me moque bien de vous et de votre doctrine, et je suis docteur quand je veux.

LE DOCTEUR. – Tu es docteur quand tu veux, mais je pense que tu es un plaisant docteur. Tu as la mine de suivre fort ton caprice : des parties d'oraison[2], tu n'aimes que la conjonction ; des genres, le masculin ; des déclinaisons, le génitif[3] ; de la syntaxe, *mobile cum fixo*[4] ; et enfin de la quantité, tu n'aimes que le dactyle[5], *quia constat ex una longa et duabus brevibus*[6]. Venez çà, vous, dites-moi un peu quelle est la cause, le sujet de votre combustion[7].

LE BARBOUILLÉ. – Monsieur le Docteur…

LE DOCTEUR. – Voilà qui est bien commencé : « Monsieur le Docteur ! » ce mot de docteur a quelque chose de doux à l'oreille, quelque chose plein d'emphase[8] : « Monsieur le Docteur ! »

---

1. *Sac à vin* : ivrogne.
2. *Des parties d'oraison* : des composantes de la grammaire. Ces composantes sont les suivantes : le nom, le verbe, l'adverbe, le participe, la préposition et la conjonction.
3. *Génitif* : en latin, cas correspondant au complément du nom.
4. *Mobile cum fixo* : « le mobile et le fixe » (en latin).
5. *Dactyle* : dans la poésie grecque et latine, pied formé d'une syllabe longue suivie de deux brèves.
6. *Quia constat ex una longa et duabus brevibus* : « parce qu'il est composé d'une longue et de deux brèves » (en latin).
7. *Combustion* : voir note 5, p. 43.
8. *Emphase* : grandiloquence.

LE BARBOUILLÉ. – À la mienne volonté...

LE DOCTEUR. – Voilà qui est bien : « À la mienne volonté ! » La volonté présuppose le souhait, le souhait présuppose des moyens pour arriver à ses fins, et la fin présuppose un objet : voilà qui est bien : « À la mienne volonté ! »

LE BARBOUILLÉ. – J'enrage.

LE DOCTEUR. – Ôtez-moi ce mot : « J'enrage » ; voilà un terme bas et populaire.

LE BARBOUILLÉ. – Hé ! Monsieur le Docteur, écoutez-moi, de grâce.

LE DOCTEUR. – *Audi, quæso*[1], aurait dit Cicéron.

LE BARBOUILLÉ. – Oh ! ma foi, si se rompt, si se casse, ou si se brise, je ne m'en mets guère en peine ; mais tu m'écouteras, ou je te vais casser ton museau doctoral ; et que diable donc est ceci ?

Le Barbouillé, Angélique, Gorgibus, Cathau, Villebrequin parlent tous à la fois, voulant dire la cause de la querelle, et le Docteur aussi, disant que la paix est une belle chose, et font un bruit confus de leurs voix ; et pendant tout le bruit, le Barbouillé attache le Docteur par le pied, et le fait tomber ; le Docteur se doit laisser tomber sur le dos ; le Barbouillé l'entraîne par la corde qu'il lui a attachée au pied, et, en l'entraînant, le Docteur doit toujours parler, et compte par ses doigts toutes ses raisons[2], *comme s'il n'était point à terre, alors qu'il ne paraît plus.*

GORGIBUS. – Allons, ma fille, retirez-vous chez vous, et vivez bien avec votre mari.

VILLEBREQUIN. – Adieu, serviteur et bonsoir.

---

1. *Audi, quæso* : « écoute, s'il te plaît » ; formule attribuée ici à Cicéron (106-43 av. J.-C.), homme politique, avocat et orateur latin.
2. *Toutes ses raisons* : tous ses arguments, toutes ses justifications.

Scène 7

VALÈRE, LA VALLÉE, *Angélique s'en va.*

VALÈRE. – Monsieur, je vous suis obligé[1] du soin[2] que vous avez pris, et je vous promets de me rendre à l'assignation[3] que vous me donnez, dans une heure.
LA VALLÉE. – Cela ne peut se différer[4]; et si vous tardez un quart d'heure, le bal sera fini dans un moment, et vous n'aurez pas le bien[5] d'y voir celle que vous aimez, si vous n'y venez tout présentement[6].
VALÈRE. – Allons donc ensemble de ce pas.

Scène 8

ANGÉLIQUE

Cependant que mon mari n'y est pas, je vais faire un tour à un bal que donne une de mes voisines. Je serai revenue auparavant lui[7], car il est quelque part au cabaret[8] : il ne s'apercevra pas que je suis sortie. Ce maroufle-là[9] me laisse toute seule à la maison, comme si j'étais son chien.

---

1. *Je vous suis obligé* : je vous suis reconnaissant.
2. *Du soin* : de la peine, de l'intérêt.
3. *Assignation* : convocation.
4. *Se différer* : attendre.
5. *Bien* : plaisir, bonheur.
6. *Tout présentement* : maintenant.
7. *Auparavant lui* : avant lui.
8. *Au cabaret* : à la taverne.
9. *Ce maroufle-là* : ce lourdaud-là (voir note 2, p. 36).

Scène 9

LE BARBOUILLÉ

Je savais bien que j'aurais raison[1] de ce diable de Docteur, et de toute sa fichue doctrine. Au diable l'ignorant! J'ai bien renvoyé toute la science par terre. Il faut pourtant que j'aille un peu voir si notre bonne ménagère m'aura fait à souper.

Scène 10

ANGÉLIQUE

Que je suis malheureuse! J'ai été trop tard, l'assemblée est finie : je suis arrivée justement comme[2] tout le monde sortait; mais il n'importe[3], ce sera pour une autre fois. Je m'en vais cependant au logis comme si de rien n'était. Mais la porte est fermée. Cathau! Cathau!

Scène 11

LE BARBOUILLÉ, *à la fenêtre*, ANGÉLIQUE

LE BARBOUILLÉ. – Cathau, Cathau! Hé bien, qu'a-t-elle fait, Cathau? et d'où venez-vous, Madame la carogne, à l'heure qu'il est, et par le temps qu'il fait?

---

1. *J'aurais raison* : je viendrais à bout.
2. *Justement comme* : au moment où.
3. *Il n'importe* : peu importe.

ANGÉLIQUE. – D'où je viens? Ouvre-moi seulement, et je te le
280 dirai après.
LE BARBOUILLÉ. – Oui? Ah! ma foi, tu peux aller coucher d'où tu viens, ou, si tu l'aimes mieux, dans la rue : je n'ouvre point à une coureuse comme toi. Comment, diable! Être toute seule à l'heure qu'il est! Je ne sais si c'est imagina-
285 tion[1], mais mon front m'en paraît plus rude de moitié[2].
ANGÉLIQUE. – Hé bien! pour être toute seule, qu'en veux-tu dire? Tu me querelles quand je suis en compagnie : comment faut-il donc faire?
LE BARBOUILLÉ. – Il faut être retiré[3] à la maison, donner ordre
290 au souper, avoir soin du ménage, des enfants; mais sans tant de discours inutiles, adieu, bonsoir, va-t'en au diable et me laisse en repos.
ANGÉLIQUE. – Tu ne veux pas m'ouvrir?
LE BARBOUILLÉ. – Non, je n'ouvrirai pas.
295 ANGÉLIQUE. – Hé! Mon pauvre petit mari, je t'en prie, ouvre-moi, mon cher petit cœur.
LE BARBOUILLÉ. – Ah, crocodile! Ah, serpent dangereux! Tu me caresses pour me trahir.
ANGÉLIQUE. – Ouvre, ouvre donc!
300 LE BARBOUILLÉ. – Adieu! *Vade retro, Satanas*[4].
ANGÉLIQUE. – Quoi? tu ne m'ouvriras point?
LE BARBOUILLÉ. – Non.
ANGÉLIQUE. – Tu n'as point de pitié de ta femme, qui t'aime tant?
305 LE BARBOUILLÉ. – Non, je suis inflexible : tu m'as offensé, je suis vindicatif[5] comme tous les diables, c'est-à-dire bien fort; je suis inexorable[6].

---

1. *Si c'est imagination* : si c'est mon imagination.
2. Le Barbouillé fait ici allusion aux cornes dont on affuble le front des cocus.
3. *Être retiré* : demeurer.
4. *Vade retro, Satanas* : «arrière, Satan»; formule d'exorcisme devenue un juron populaire.
5. *Vindicatif* : enclin à la vengeance.
6. *Inexorable* : intraitable.

ANGÉLIQUE. – Sais-tu bien que si tu me pousses à bout, et que tu me mettes en colère, je ferai quelque chose dont tu te repentiras ?

LE BARBOUILLÉ. – Et que feras-tu, bonne chienne ?

ANGÉLIQUE. – Tiens, si tu ne m'ouvres, je m'en vais me tuer devant la porte ; mes parents, qui sans doute viendront ici auparavant de se coucher, pour savoir si nous sommes bien ensemble, me trouveront morte, et tu seras pendu.

LE BARBOUILLÉ. – Ah, ah, ah, ah, la bonne bête ! et qui y perdra le plus de nous deux ? Va, va, tu n'es pas si sotte que de faire ce coup-là.

ANGÉLIQUE. – Tu ne le crois donc pas ? Tiens, tiens, voilà mon couteau tout prêt : si tu ne m'ouvres, je m'en vais tout à cette heure m'en donner dans le cœur.

LE BARBOUILLÉ. – Prends garde, voilà qui est bien pointu.

ANGÉLIQUE. – Tu ne veux donc pas m'ouvrir ?

LE BARBOUILLÉ. – Je t'ai déjà dit vingt fois que je n'ouvrirai point ; tue-toi, crève, va-t'en au diable, je ne m'en soucie pas.

ANGÉLIQUE, *faisant semblant de se frapper*. – Adieu donc !... Ay ! Je suis morte.

LE BARBOUILLÉ. – Serait-elle bien assez sotte pour avoir fait ce coup-là ? Il faut que je descende avec la chandelle pour aller voir.

ANGÉLIQUE. – Il faut que je t'attrape. Si je peux entrer dans la maison subtilement[1], cependant que tu me chercheras, chacun aura bien son tour.

LE BARBOUILLÉ. – Hé bien ! Ne savais-je pas bien qu'elle n'était pas si sotte ? Elle est morte, et si elle court[2] comme le cheval de Pacolet[3]. Ma foi, elle m'avait fait peur tout de

---
1. *Subtilement* : discrètement.
2. *Et si elle court* : et pourtant elle court.
3. *Pacolet* : personnage d'un roman de chevalerie, *Valentin et Orson* (XVᵉ siècle), qui fabrique un cheval de bois qui se déplace dans les airs plus rapidement que les oiseaux.

bon. Elle a bien fait de gagner au pied[1]; car si je l'eusse trouvée en vie, après m'avoir fait cette frayeur-là, je lui aurais apostrophé[2] cinq ou six clystères[3] de coups de pied dans le cul, pour lui apprendre à faire la bête. Je m'en vais me coucher cependant. Oh! oh! je pense que le vent a fermé la porte. Hé! Cathau, Cathau, ouvre-moi.

ANGÉLIQUE. – Cathau, Cathau! Hé bien! qu'a-t-elle fait, Cathau? Et d'où venez-vous, Monsieur l'ivrogne? Ah! vraiment, va, mes parents, qui vont venir dans un moment, sauront tes vérités. Sac à vin infâme, tu ne bouges du cabaret, et tu laisses une pauvre femme avec des petits enfants, sans savoir s'ils ont besoin de quelque chose, à croquer le marmot[4] tout le long du jour.

LE BARBOUILLÉ. – Ouvre vite, diablesse que tu es, ou je te casserai la tête.

Scène 12

GORGIBUS, VILLEBREQUIN, ANGÉLIQUE, LE BARBOUILLÉ

GORGIBUS. – Qu'est ceci? Toujours de la dispute, de la querelle et de la dissension[5]!

VILLEBREQUIN. – Hé quoi? vous ne serez jamais d'accord?

ANGÉLIQUE. – Mais voyez un peu, le voilà qui est soûl, et revient, à l'heure qu'il est, faire un vacarme horrible; il me menace.

---

1. *Gagner au pied* : s'enfuir.
2. *Apostrophé* : donné.
3. *Clystères* : lavements administrés avec une seringue.
4. *Croquer le marmot* : attendre. «On dit proverbialement qu'un homme a été longtemps à croquer le marmot, pour dire qu'on l'a laissé longtemps à attendre […]» (*Dictionnaire de Furetière*, 1690).
5. *Dissension* : désaccord.

GORGIBUS. – Mais aussi ce n'est pas là l'heure de revenir. Ne devriez-vous pas, comme un bon père de famille, vous retirer de bonne heure, et bien vivre avec votre femme?

360 LE BARBOUILLÉ. – Je me donne au diable, si j'ai sorti[1] de la maison, et demandez plutôt à ces Messieurs qui sont là-bas dans le parterre[2]; c'est elle qui ne fait que de revenir. Ah! que l'innocence est opprimée[3]!

VILLEBREQUIN. – Çà, çà; allons, accordez-vous; demandez-
365 lui pardon.

LE BARBOUILLÉ. – Moi, pardon! j'aimerais mieux que le diable l'eût emportée. Je suis dans une colère que je ne me sens pas.

GORGIBUS. – Allons, ma fille, embrassez votre mari, et soyez
370 bons amis.

Scène treizième et dernière

LE DOCTEUR, *à la fenêtre, en bonnet de nuit et en camisole*, LE BARBOUILLÉ, VILLEBREQUIN, GORGIBUS, ANGÉLIQUE

LE DOCTEUR. – Hé quoi? Toujours du bruit, du désordre, de la dissension, des querelles, des débats, des différends, des combustions[4], des altercations éternelles. Qu'est-ce? qu'y a-t-il donc? On ne saurait avoir du repos.

375 VILLEBREQUIN. – Ce n'est rien, Monsieur le Docteur : tout le monde est d'accord.

LE DOCTEUR. – À propos d'accord, voulez-vous que je vous lise un chapitre d'Aristote, où il prouve que toutes les par-

---

1. *Si j'ai sorti* : si je suis sorti.
2. Le Barbouillé interpelle ici le public.
3. *Opprimée* : malmenée.
4. *Combustions* : voir note 5, p. 43.

ties de l'univers ne subsistent[1] que par l'accord qui est entre elles ?

VILLEBREQUIN. – Cela est-il bien long ?

LE DOCTEUR. – Non, cela n'est pas long : cela contient environ soixante ou quatre-vingts pages.

VILLEBREQUIN. – Adieu, bonsoir ! Nous vous remercions.

GORGIBUS. – Il n'en est pas de besoin.

LE DOCTEUR. – Vous ne le voulez pas ?

GORGIBUS. – Non.

LE DOCTEUR. – Adieu donc ! puisqu'ainsi est[2] ; bonsoir ! *latine, bona nox*[3].

VILLEBREQUIN. – Allons-nous-en souper ensemble, nous autres.

---

1. *Ne subsistent* : ne tiennent, n'existent.
2. *Puisqu'ainsi est* : puisqu'il en est ainsi.
3. *Latine, bona nox* : «en latin, bonne nuit».

Le Médecin volant

ACTEURS[1]

VALÈRE, amant[2] de Lucile.
SABINE, cousine de Lucile.
SGANARELLE, valet de Valère.
GORGIBUS, père de Lucile.
GROS-RENÉ, valet de Gorgibus.
LUCILE, fille de Gorgibus.
Un avocat.

---

1. *Acteurs* : voir note 1, p. 34.
2. *Amant* : voir note 2, p. 34.

Scène première

Valère, Sabine

VALÈRE. – Hé bien ! Sabine, quel conseil me donneras-tu ?
SABINE. – Vraiment, il y a bien des nouvelles. Mon oncle veut résolument[1] que ma cousine épouse Villebrequin, et les affaires sont tellement avancées, que je crois qu'ils eussent été mariés dès aujourd'hui, si vous n'étiez aimé ; mais comme ma cousine m'a confié le secret de l'amour qu'elle vous porte, et que nous nous sommes vues à l'extrémité[2] par l'avarice de mon vilain oncle, nous nous sommes avisées[3] d'une bonne invention pour différer le mariage. C'est que ma cousine, dès l'heure que je vous parle, contrefait[4] la malade ; et le bon vieillard, qui est assez crédule, m'envoie quérir[5] un médecin. Si vous en pouviez envoyer quelqu'un qui fût de vos bons amis, et qui fût de notre intelligence[6], il conseillerait à la malade de prendre l'air à la campagne. Le bonhomme ne manquera pas de faire loger ma cousine à ce pavillon qui est au bout de notre jardin, et par ce moyen vous pourriez l'entretenir[7] à

---

1. *Résolument* : avec détermination.
2. *À l'extrémité* : dans le malheur, dans une situation très difficile.
3. *Nous nous sommes avisées* : nous avons convenu.
4. *Contrefait* : feint, joue.
5. *Quérir* : chercher.
6. *Qui fût de notre intelligence* : qui fût notre complice.
7. *L'entretenir* : lui parler.

l'insu de notre vieillard, l'épouser, et le laisser pester tout son soûl[1] avec Villebrequin.

20 VALÈRE. – Mais le moyen de trouver sitôt[2] un médecin à ma poste[3], et qui voulût tant hasarder[4] pour mon service[5] ? Je te le dis franchement, je n'en connais pas un.

SABINE. – Je songe une chose : si vous faisiez habiller votre valet en médecin ? Il n'y a rien de si facile à duper[6] que 25 le bonhomme.

VALÈRE. – C'est un lourdaud[7] qui gâtera tout ; mais il faut s'en servir faute d'autre. Adieu, je le vais chercher. Où diable trouver ce maroufle[8] à présent ? Mais le voici tout à propos.

Scène 2

VALÈRE, SGANARELLE

VALÈRE. – Ah ! Mon pauvre Sganarelle, que j'ai de joie de te voir ! J'ai besoin de toi dans une affaire de conséquence[9] ; mais, comme je ne sais pas ce que tu sais faire...

SGANARELLE. – Ce que je sais faire, Monsieur ? Employez-moi 30 seulement en vos affaires de conséquence, en quelque chose d'importance par exemple, envoyez-moi voir quelle

---

1. *Tout son soûl* : autant qu'il le veut.
2. *Sitôt* : «promptement, vite, dans peu de temps» (*Dictionnaire de l'Académie*, 1694).
3. *À ma poste* : à ma disposition.
4. *Hasarder* : prendre des risques.
5. *Pour mon service* : pour moi, pour me servir.
6. *Duper* : tromper.
7. *Lourdaud* : voir note 2, p. 36.
8. *Maroufle* : voir note 9, p. 48.
9. *Affaire de conséquence* : affaire importante.

heure il est à une horloge, voir combien le beurre vaut au marché, abreuver un cheval ; c'est alors que vous connaîtrez ce que je sais faire.

VALÈRE. - Ce n'est pas cela : c'est qu'il faut que tu contrefasses le médecin.

SGANARELLE. - Moi, médecin, Monsieur ! Je suis prêt à faire tout ce qu'il vous plaira ; mais pour faire le médecin, je suis assez votre serviteur pour n'en rien faire du tout ; et par quel bout m'y prendre, bon Dieu ? Ma foi ! Monsieur, vous vous moquez de moi.

VALÈRE. - Si tu veux entreprendre cela, va, je te donnerai dix pistoles[1].

SGANARELLE. - Ah ! pour dix pistoles, je ne dis pas que je ne sois médecin ; car, voyez-vous bien, Monsieur ? je n'ai pas l'esprit tant, tant subtil, pour vous dire la vérité ; mais, quand je serai médecin, où irai-je ?

VALÈRE. - Chez le bonhomme Gorgibus, voir sa fille, qui est malade ; mais tu es un lourdaud qui, au lieu de bien faire, pourrais bien…

SGANARELLE. - Hé ! mon Dieu, Monsieur, ne soyez point en peine ; je vous réponds que je ferai aussi bien mourir une personne qu'aucun médecin qui soit dans la ville. On dit un proverbe, d'ordinaire : après la mort le médecin ; mais vous verrez que si je m'en mêle, on dira : après le médecin, gare la mort[2] ! Mais néanmoins, quand je songe, cela est bien difficile de faire le médecin ; et si je ne fais rien qui vaille… ?

VALÈRE. - Il n'y a rien de si facile en cette rencontre : Gorgibus est un homme simple, grossier[3], qui se laissera étourdir de

---

1. *Dix pistoles* : voir note 3, p. 39.
2. *Gare la mort !* : attention à la mort !
3. *Grossier* : lourdaud (voir note 2, p. 36).

ton discours, pourvu que tu parles d'Hippocrate[1] et de Galien[2], et que tu sois un peu effronté[3].

SGANARELLE. – C'est-à-dire qu'il lui faudra parler philosophie, mathématique. Laissez-moi faire; s'il est un homme facile, comme vous le dites, je vous réponds de tout; venez seulement me faire avoir un habit de médecin, et m'instruire de ce qu'il faut faire, et me donner mes licences[4], qui sont les dix pistoles promises.

Scène 3

GORGIBUS, GROS-RENÉ

GORGIBUS. – Allez vitement[5] chercher un médecin; car ma fille est bien malade, et dépêchez-vous.

GROS-RENÉ. – Que diable aussi! pourquoi vouloir donner votre fille à un vieillard? Croyez-vous que ce ne soit pas le désir qu'elle a d'avoir un jeune homme qui la travaille? Voyez-vous la connexité[6] qu'il y a, etc. *(Galimatias)*[7].

---

1. *Hippocrate* : médecin grec (v. 460-v. 377 av. J.-C.) qui s'est intéressé aux humeurs et à leurs effets sur l'organisme. Il est à l'origine du serment que les médecins prononcent encore aujourd'hui avant d'exercer.
2. *Galien* : médecin grec (v. 131-v. 201) à l'origine de nombreuses découvertes en anatomie. Son œuvre a joui d'un grand prestige jusqu'à la fin du XVIᵉ siècle.
3. *Effronté* : hardi, audacieux.
4. *Mes licences* : «on appelle *licence*, dans les facultés de théologie, de droit et de médecine, le second degré qui donne permission de lire et d'enseigner publiquement en vertu des lettres que l'on en obtient, et que l'on appelle *lettres de licence*» (*Dictionnaire de l'Académie*, 1694).
5. *Vitement* : promptement.
6. *Connexité* : relation.
7. *Galimatias* : «discours embrouillé et confus qui semble dire quelque chose et ne dit rien» (*Dictionnaire de l'Académie*, 1694); voir aussi présentation, note 1, p. 18.

GORGIBUS. – Va-t'en vite : je vois bien que cette maladie-là reculera bien les noces.

GROS-RENÉ. – Et c'est ce qui me fait enrager : je croyais refaire mon ventre d'une bonne carrelure[1], et m'en voilà sevré[2]. Je m'en vais chercher un médecin pour moi aussi bien que pour votre fille ; je suis désespéré.

Scène 4

SABINE, GORGIBUS, SGANARELLE

SABINE. – Je vous trouve à propos[3], mon oncle, pour vous apprendre une bonne nouvelle. Je vous amène le plus habile médecin du monde, un homme qui vient des pays étrangers, qui sait les plus beaux secrets, et qui sans doute guérira ma cousine. On me l'a indiqué[4] par bonheur, et je vous l'amène. Il est si savant que je voudrais de bon cœur être malade, afin qu'il me guérît.

GORGIBUS. – Où est-il donc ?

SABINE. – Le voilà qui me suit ; tenez, le voilà.

GORGIBUS. – Très humble serviteur à Monsieur le médecin ! Je vous envoie quérir pour voir ma fille, qui est malade ; je mets toute mon espérance en vous.

SGANARELLE. – Hippocrate dit, et Galien par vives raisons[5] persuade qu'une personne ne se porte pas bien quand elle est malade. Vous avez raison de mettre votre espérance en moi ; car je suis le plus grand, le plus habile, le plus docte[6]

---

1. *Une bonne carrelure* : un bon repas.
2. *M'en voilà sevré* : m'en voilà privé.
3. *À propos* : au bon endroit, au bon moment.
4. *Indiqué* : conseillé.
5. *Par vives raisons* : à l'aide d'arguments convaincants.
6. *Docte* : savant.

médecin qui soit dans la faculté végétale, sensitive et minérale[1].

GORGIBUS. – J'en suis fort ravi.

SGANARELLE. – Ne vous imaginez pas que je sois un médecin ordinaire, un médecin du commun. Tous les autres médecins ne sont, à mon égard, que des avortons de médecine[2]. J'ai des talents particuliers, j'ai des secrets. *Salamalec, salamalec*[3]. «Rodrigue, as-tu du cœur[4]?» *Signor, si; signor, non. Per omnia sæcula sæculorum*[5]. Mais encore voyons un peu.

SABINE. – Hé! Ce n'est pas lui qui est malade, c'est sa fille.

SGANARELLE. – Il n'importe : le sang du père et de la fille ne sont qu'une même chose; et par l'altération[6] de celui du père, je puis connaître la maladie de la fille. Monsieur Gorgibus, y aurait-il moyen de voir de l'urine de l'égrotante[7]?

GORGIBUS. – Oui-da[8]; Sabine, vite allez quérir de l'urine de ma fille. Monsieur le médecin, j'ai grand'peur qu'elle ne meure.

SGANARELLE. – Ah! qu'elle s'en garde bien! Il ne faut pas qu'elle s'amuse à se laisser mourir sans l'ordonnance du médecin. Voilà de l'urine qui marque grande chaleur,

---

1. *Faculté végétale, sensitive et minérale* : remèdes tirés des végétaux, des animaux et des minéraux.
2. *Avortons de médecine* : petits médecins.
3. *Salamalec* : «Que la paix soit avec vous», en arabe (formule de salutation).
4. «*Rodrigue, as-tu du cœur?*» : célèbre réplique tirée de la tragi-comédie du *Cid* (1637), de Pierre Corneille.
5. *Signor, si; signor, non. Per omnia sæcula sæculorum* : «Oui monsieur, non monsieur, pour tous les siècles des siècles.» Le comique provient ici du mélange de deux langues, l'italien et le latin, et de deux discours, le profane et le religieux.
6. *L'altération* : la dégradation.
7. *L'égrotante* : celle qui souffre.
8. *Oui-da* : voir note 1, p. 44.

grande inflammation dans les intestins : elle n'est pas tant mauvaise pourtant.

GORGIBUS. – Hé quoi ? Monsieur, vous l'avalez ?

SGANARELLE. – Ne vous étonnez pas de cela ; les médecins, d'ordinaire, se contentent de la regarder ; mais moi, qui suis un médecin hors du commun, je l'avale, parce qu'avec le goût je discerne bien mieux la cause et les suites de la maladie[1]. Mais, à vous dire la vérité, il y en avait trop peu pour asseoir un bon jugement[2] : qu'on la fasse encore pisser.

SABINE. – J'ai bien eu de la peine à la faire pisser.

SGANARELLE. – Que cela[3] ? Voilà bien de quoi ! Faites-la pisser copieusement, copieusement. Si tous les malades pissent de la sorte, je veux être médecin toute ma vie.

SABINE. – Voilà tout ce qu'on peut avoir : elle ne peut pas pisser davantage.

SGANARELLE. – Quoi ? Monsieur Gorgibus, votre fille ne pisse que des gouttes ? Voilà une pauvre pisseuse que votre fille ; je vois bien qu'il faudra que je lui ordonne une potion pissative[4]. N'y aurait-il pas moyen de voir la malade ?

SABINE. – Elle est levée ; si vous voulez, je la ferai venir.

---

1. *Suites de la maladie* : conséquences, manifestations de la maladie. Les traités de médecine recommandaient aux médecins de recueillir l'urine du malade dans un verre et de l'étudier à l'abri des rayons du soleil. Que Sganarelle la goûte est caractéristique de l'univers de la farce. On retrouve des scènes similaires dans des canevas de pièces issues de la tradition de la *commedia dell'arte*.
2. *Asseoir un bon jugement* : établir un bon diagnostic.
3. *Que cela ?* : qu'est-ce que cela ?
4. *Pissative* : qui fait uriner (le mot est évidemment inventé).

Scène 5

LUCILE, SABINE, GORGIBUS, SGANARELLE

SGANARELLE. – Hé bien! Mademoiselle, vous êtes malade?
LUCILE. – Oui, Monsieur.
SGANARELLE. – Tant pis! c'est une marque que vous ne vous portez pas bien. Sentez-vous de grandes douleurs à la tête,
135 aux reins?
LUCILE. – Oui, Monsieur.
SGANARELLE. – C'est fort bien fait. Oui, ce grand médecin, au chapitre qu'il a fait de la nature des animaux, dit… cent belles choses; et comme les humeurs[1] qui ont de la
140 connexité ont beaucoup de rapport; car, par exemple, comme la mélancolie[2] est ennemie de la joie, et que la bile qui se répand par le corps nous fait devenir jaunes[3], et qu'il n'est rien plus contraire à la santé que la maladie, nous pouvons dire, avec ce grand homme, que votre fille
145 est fort malade. Il faut que je vous fasse une ordonnance.
GORGIBUS. – Vite une table, du papier, de l'encre.
SGANARELLE. – Y a-t-il ici quelqu'un qui sache écrire?
GORGIBUS. – Est-ce que vous ne le savez point?
SGANARELLE. – Ah! Je ne m'en souvenais pas; j'ai tant
150 d'affaires dans la tête, que j'oublie la moitié… – Je crois qu'il serait nécessaire que votre fille prît un peu l'air, qu'elle se divertît à la campagne.

---

1. Allusion à la théorie médicale admise à l'époque selon laquelle le corps est irrigué par les humeurs, des liquides, au nombre de quatre : le sang, le flegme, la bile jaune et la bile noire. On pensait que les maladies venaient de leur déséquilibre, c'est-à-dire de la prédominance trop marquée de l'une d'elles.
2. La **mélancolie** est l'une des quatre humeurs décrites dans les traités de médecine. Selon la théorie des humeurs, elle serait liée à un excès de bile noire et serait à l'origine de la tristesse.
3. Selon la théorie des humeurs, la bile jaune serait à l'origine de la colère.

Molière : des débuts difficiles à la gloire
Petite histoire des différents lieux de représentation

La carrière théâtrale de Molière commence à Paris, en juin 1643 : il crée la troupe de l'Illustre-Théâtre, dont fait partie sa maîtresse, la comédienne Madeleine Béjart (1618-1672). Les comédiens font aménager la salle du jeu de paume des Métayers et la transforment en salle de spectacle.

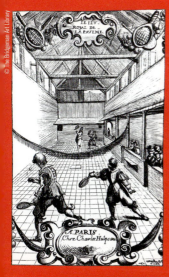

◄ Une salle de jeu de paume, gravure publiée par Hulpeau, Paris, 1632. Au début du XVIIe siècle, l'intérêt pour le jeu de paume, ancêtre du tennis, décline. Les salles se transforment alors souvent en théâtres.

▼ Schéma de l'Hôtel de Bourgogne, in A. Degaine, *Histoire du théâtre dessinée*, Nizet, 1992. À cette époque, l'Hôtel de Bourgogne – temple du genre sérieux – est la seule véritable salle de théâtre à Paris.

Le théâtre du temps de Molière

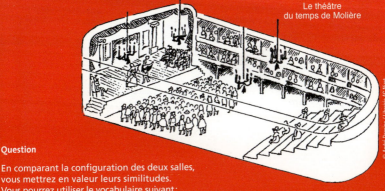

Question

En comparant la configuration des deux salles, vous mettrez en valeur leurs similitudes.
Vous pourrez utiliser le vocabulaire suivant : gradins, galeries de loges, parterre central, scène.

Après l'échec de l'Illustre-Théâtre et son incarcération pour dettes, Molière part rejoindre la troupe de comédiens professionnels de Charles Dufresne. Avec cette troupe itinérante, il exercera son art en province pendant plus de dix ans.
Durant cette période, les comédiens jouent devant la noblesse locale, aussi bien à l'extérieur que dans des théâtres, en fonction des autorisations administratives.

▲ Cette scène de *Molière* (1978), film d'Ariane Mnouchkine sur la vie du dramaturge, montre la troupe de Dufresne qui se produit sur des tréteaux, dans un champ, près d'un village.

De retour à Paris, la troupe se voit tout d'abord attribuer la salle du Petit-Bourbon, en alternance avec les Comédiens-Italiens. Après la destruction de ce lieu de représentation, Molière et ses comédiens s'installent définitivement dans le prestigieux théâtre du Palais-Royal. C'est le début de la gloire pour le dramaturge, devenu auteur de pièces à succès.

◀ Le Palais-Royal au XVIIe siècle, gravure de Thorigny datant du XIXe siècle. Le théâtre est à droite de l'entrée du palais. Molière établit son domicile personnel dans un appartement de la rue Saint-Thomas-du-Louvre, en face de la salle de spectacle.

▲ Représentation du *Malade imaginaire* de Molière devant le roi, à Versailles, gravure de Jean Le Pautre, 1676.
Remarqué par Louis XIV, Molière écrit des comédies et des comédies-ballets (pièces accompagnées de chants et de danses) mises en scène dans les plus beaux châteaux du roi, à Versailles, Saint-Germain-en-Laye ou Chambord. En 1665, sa troupe obtient le titre de « troupe du roi » et une pension confortable. Après la mort de Molière, elle sera conviée à Versailles pour y jouer *Le Malade imaginaire*.

La Jalousie du Barbouillé, une pièce dans la tradition de la farce

Héritière du théâtre médiéval, la farce se perpétue au siècle de Molière dans les milieux populaires. Les farceurs, bateleurs, charlatans et autres vendeurs de remèdes miracles se produisent à Paris, dans le quartier du Pont-Neuf, et lors des foires.
Une rumeur colportée par les ennemis de Molière affirme qu'il aurait débuté dans ces saynètes destinées à attirer les badauds. Or, la farce est méprisée par les tenants du classicisme et les dévots, en raison de son caractère populaire, trivial, et du rire grossier qu'elle provoque.

◀ La foire Saint-Germain au XVIIe siècle. Cette foire annuelle, la plus ancienne de Paris, remonte au XIIe siècle. De nombreux saltimbanques – acrobates, jongleurs, montreurs d'animaux… – venaient s'y produire dès le Moyen Âge. Mais ce n'est qu'à la fin du XVIe siècle que de véritables petits théâtres y installent leurs tréteaux (en bas à droite de la gravure).

▶ Le tréteau de Tabarin, célèbre farceur installé sur la place Dauphine entre 1620 et 1630, gravure du XIXe siècle. Le jeune Molière et son grand-père ont fait partie du public, fidèle et enthousiaste, que rassemblait le comédien.

C'est avec une petite farce de sa composition, *Le Docteur amoureux*, que Molière attire l'attention du roi, en 1658. Il contribue ainsi à remettre le genre à la mode. On ne parlera dès lors plus de farce, terme péjoratif, mais de « petite comédie », même si l'esthétique est la même. La Jalousie du Barbouillé en est un exemple typique.

▲ *La Jalousie du Barbouillé* au théâtre Rideau de Bruxelles, dans une mise en scène de Georges Mony fidèle à l'esthétique de la farce, 1951. L'intrigue traditionnelle de la farce, celle du dupeur dupé, constitue l'essentiel de *La Jalousie du Barbouillé*. Molière en tirera une scène de sa comédie plus tardive – et raffinée – *George Dandin*, jouée pour la première fois à Versailles en 1668.

◀ Frontispice de *George Dandin ou le Mari confondu* par François Boucher, 1734, Versailles, Bibliothèque municipale centrale. Grâce à leur ruse, Angélique et Claudine ont renversé la situation et le mari se retrouve hors de chez lui, en bien mauvaise posture (acte III, scène 6, voir p. 86-92).

Questions

1. Quelles remarques peut-on faire en comparant la représentation de *La Jalousie du Barbouillé* et le frontispice de *George Dandin* ? Vous étudierez les costumes, l'attitude des personnages et le décor.

2. L'illustration de George Dandin permet-elle de deviner l'origine farcesque et populaire de la pièce ? Pourquoi peut-on dire que Molière a donné ses « lettres de noblesse » à la comédie ?

Le Médecin volant et l'influence de la *commedia dell'arte*

Dirigés par le charismatique Tiberio Fiorilli (1608-1694), dit Scaramouche, les Comédiens-Italiens se produisent à Paris au XVIIe siècle et y rencontrent un grand succès. Fervent admirateur de ces derniers, Molière empruntera l'intrigue du *Médecin volant* à une comédie italienne jouée par Scaramouche pendant le carnaval de 1647.

La spécialité des Italiens est la *commedia dell'arte*, théâtre en partie improvisé, à partir de canevas et de rôles-types. Les comédiens portent des masques pour représenter leurs personnages : les valets ou *zanni* (Arlequin, Brighella, Polichinelle, Pierrot...), les vieillards, maîtres ou barbons (Pantalon, le docteur), les soldats (le Capitan, Matamore...). Les thèmes principaux de ces pièces sont les mariages contrariés et l'éternel conflit des générations, exposés dans un climat d'allégresse et de gaieté et avec un rythme endiablé. Danse, acrobaties, chant et musique accompagnent l'intrigue pour un spectacle total.

◀ Pantalon. Il porte une barbe pointue et un vêtement rouge et noir. Son masque brun, au nez en forme de bec d'aigle, souligne sa rapacité.

▶ Le Docteur. Vêtu de noir, il arbore un chapeau, une cape et une fraise blanche autour du cou. Ses joues rouges révèlent son goût prononcé pour les plaisirs matériels.

◀ Brighella. Rusé, insolent, capable de tout, ce valet rend des services variés à ses maîtres.

▶ Molière, représenté ici en habit de Sganarelle, incarne les rôles principaux de ses pièces, et surtout ceux des valets rusés et des barbons ridicules.

◀ Tiberio Fiorilli dans le rôle de Scaramouche, gravure du XVIIe siècle.

▼ Hieronymus Francken (v. 1540-1610), *Scène de la commedia par la troupe des Gelosi*, v. 1590, Paris, musée Carnavalet. Les Gelosi, troupe italienne de *commedia dell'arte*, sont appelés à Paris en 1576 par Henri III et exécutent leurs spectacles dans la salle du Petit-Bourbon.

Questions

1. Comparez les gravures représentant Brighella, Molière et Scaramouche. Que remarquez-vous ? Que peut-on en déduire ?

2. Dans le tableau de Francken, identifiez les différents personnages (le vieillard, l'amoureuse, la servante de l'amoureuse, le messager, le valet du vieillard, l'amoureux), décrivez leurs attitudes puis expliquez la situation.

Mises en scène du *Médecin volant*

▲ Mise en scène du *Médecin volant* par Dario Fo, Comédie-Française, 1990. Cette interprétation originale multiplie les références à l'univers de la *commedia dell'arte* : éclairage orangé qui évoque la lumière de l'Italie, décor minimaliste, performance des comédiens, acrobaties et musique… Le théâtre de Molière retrouve ses racines de théâtre de foire.
Dans cette interprétation très aérienne, les trompeurs apparaissent dans les airs alors que les trompés restent cloués au sol. Sganarelle est en effet celui qui rebondit en permanence pour dissimuler son identité, dans un numéro de haute voltige au sens propre comme au figuré.

▶ Représentation du *Médecin volant* fidèle à l'esthétique originelle de la *commedia dell'arte*, mise en scène de Raphaël de Angelis, Théâtre de l'Éventail, 2007. Avec Cécile Messineo (Sabine), Raphaël de Angelis (Sganarelle) et Hervé Gransac (Gorgibus).

GORGIBUS. – Nous avons un fort beau jardin, et quelques chambres qui y répondent[1] ; si vous le trouvez à propos, je l'y ferai loger.
SGANARELLE. – Allons, allons visiter les lieux.

Scène 6

L'AVOCAT

J'ai ouï dire[2] que la fille de Monsieur Gorgibus était malade : il faut que je m'informe de sa santé, et que je lui offre mes services comme ami de toute sa famille. Holà ! holà ! Monsieur Gorgibus y est-il ?

Scène 7

GORGIBUS, L'AVOCAT

GORGIBUS. – Monsieur, votre très humble, etc.[3].
L'AVOCAT. – Ayant appris la maladie de Mademoiselle votre fille, je vous suis venu témoigner la part que j'y prends, et vous faire offre de[4] tout ce qui dépend de moi.
GORGIBUS. – J'étais là-dedans avec le plus savant homme.
L'AVOCAT. – N'y aurait-il pas moyen de l'entretenir[5] un moment ?

---

1. *Qui y répondent* : qui donnent sur le jardin.
2. *J'ai ouï dire* : j'ai entendu dire.
3. Gorgibus a lui-même employé cette formule de politesse à la scène 4 (p. 61). Elle signifie : «je suis entièrement à votre service».
4. *Vous faire offre de* : vous offrir.
5. *L'entretenir* : lui parler.

Scène 8

GORGIBUS, L'AVOCAT, SGANARELLE

GORGIBUS. – Monsieur, voilà un fort habile homme de mes amis qui souhaiterait de vous parler et vous entretenir.

SGANARELLE. – Je n'ai pas le loisir[1], Monsieur Gorgibus : il faut aller à mes malades. Je ne prendrai pas la droite avec vous[2], Monsieur.

L'AVOCAT. – Monsieur, après ce que m'a dit Monsieur Gorgibus de votre mérite et de votre savoir, j'ai eu la plus grande passion du monde d'avoir l'honneur de votre connaissance[3], et j'ai pris la liberté de vous saluer à ce dessein : je crois que vous ne le trouverez pas mauvais. Il faut avouer que tous ceux qui excellent en quelque science sont dignes de grande louange, et particulièrement ceux qui font profession de la médecine, tant à cause de son utilité, que parce qu'elle contient en elle plusieurs autres sciences, ce qui rend sa parfaite connaissance fort difficile ; et c'est fort à propos qu'Hippocrate dit dans son premier aphorisme[4] : *Vita brevis, ars vero longa, occasio autem præceps, experimentum periculosum, judicium difficile*[5].

SGANARELLE, *à Gorgibus*. – *Ficile tantina pota baril cambustibus*[6].

---

1. *Je n'ai pas le loisir* : je n'ai pas le temps.
2. *Je ne prendrai pas la droite avec vous* : je ne vous suivrai pas.
3. *L'honneur de votre connaissance* : l'honneur de faire votre connaissance.
4. *Aphorisme* : formule concise résumant une théorie, une suite d'observations ou renfermant un précepte.
5. *Vita brevis, ars vero longa, occasio autem præceps, experimentum periculosum, judicium difficile* : « La vie est courte, l'art est long à acquérir, l'occasion fugitive, l'expérience périlleuse, le jugement difficile », Hippocrate, *Aphorismes*, I.
6. *Ficile tantina pota baril cambustibus* : latin imaginaire.

L'Avocat. – Vous n'êtes pas de ces médecins qui ne vous appliquez[1] qu'à la médecine qu'on appelle rationale ou dogmatique, et je crois que vous l'exercez tous les jours avec beaucoup de succès : *experientia magistra rerum*[2].
Les premiers hommes qui firent profession de la médecine furent tellement estimés d'avoir cette belle science, qu'on les mit au nombre des dieux pour les belles cures qu'ils faisaient tous les jours. Ce n'est pas qu'on doive mépriser un médecin qui n'aurait pas rendu la santé à son malade, parce qu'elle ne dépend pas absolument de ses remèdes, ni de son savoir :

Interdum docta plus valet arte malum[3].

Monsieur, j'ai peur de vous être importun[4] : je prends congé de vous, dans l'espérance que j'ai qu'à la première vue[5] j'aurai l'honneur de converser avec vous avec plus de loisir. Vos heures vous sont précieuses, etc. *(Il sort.)*
Gorgibus. – Que vous semble de[6] cet homme-là ?
Sganarelle. – Il sait quelque petite chose. S'il fût demeuré tant soit peu davantage, je l'allais mettre sur une matière sublime et relevée[7]. Cependant, je prends congé de vous. *(Gorgibus lui donne de l'argent.)* Hé ! Que voulez-vous faire ?

---

1. *Qui ne vous appliquez* : qui ne vous intéressez.
2. La médecine rationnelle et dogmatique est celle qui est enseignée à la faculté. L'avocat félicite Sganarelle de pratiquer une médecine empirique, c'est-à-dire une médecine qui s'appuie sur l'expérience. D'où la citation empruntée à Érasme (1469-1536) : «*experientia magistra rerum*», «l'expérience est maîtresse des choses».
3. *Interdum docta plus valet arte malum* : «Parfois le mal est plus fort que l'art docte», Ovide, *Les Pontiques*, livre I, lettre 3, v. 18.
4. *Importun* : voir note 10, p. 44.
5. *À la première vue* : la prochaine fois que je vous verrai.
6. *Que vous semble de* : que vous inspire.
7. *Je l'allais mettre sur une matière sublime et relevée* : j'allais le questionner, débattre avec lui sur un sujet difficile.

GORGIBUS. – Je sais bien ce que je vous dois.

SGANARELLE. – Vous vous moquez, Monsieur Gorgibus. Je n'en prendrai pas[1], je ne suis pas un homme mercenaire[2]. *(Il prend l'argent.)* Votre très humble serviteur. *(Sganarelle sort et Gorgibus rentre dans sa maison.)*

Scène 9

VALÈRE

Je ne sais ce qu'aura fait Sganarelle : je n'ai point eu de ses nouvelles, et je suis fort en peine[3] où je le pourrais rencontrer. *(Sganarelle revient en habit de valet.)* Mais bon, le voici. Hé bien ! Sganarelle, qu'as-tu fait depuis que je ne t'ai point vu ?

Scène 10

SGANARELLE, VALÈRE

SGANARELLE. – Merveille sur merveille : j'ai si bien fait que Gorgibus me prend pour un habile médecin. Je me suis introduit chez lui, et lui ai conseillé de faire prendre l'air à sa fille, laquelle est à présent dans un appartement qui

---

1. Sganarelle fait mine de refuser l'argent. Une scène similaire figure dans *Le Médecin malgré lui* : GÉRONTE. – Attendez un peu, s'il vous plaît./ SGANARELLE. – Que voulez-vous faire ?/ GÉRONTE. – Vous donner de l'argent, Monsieur./ SGANARELLE, *tendant sa main derrière, par-dessous sa robe, tandis que Géronte ouvre sa bourse.* – Je n'en prendrai pas, Monsieur » (acte II, scène 4).
2. *Mercenaire* : voir note 2, p. 39.
3. *Je suis fort en peine* : je ne sais pas.

est au bout de leur jardin, tellement qu'elle est fort éloignée du vieillard, et que vous pouvez l'aller voir commodément[1].

VALÈRE. – Ah! que tu me donnes de joie! Sans perdre de temps, je la vais trouver de ce pas.

SGANARELLE. – Il faut avouer que ce bonhomme Gorgibus est un vrai lourdaud de se laisser tromper de la sorte. *(Apercevant Gorgibus.)* Ah! Ma foi, tout est perdu : c'est à ce coup que[2] voilà la médecine renversée, mais il faut que je le trompe.

Scène 11

SGANARELLE, GORGIBUS

GORGIBUS. – Bonjour, Monsieur.

SGANARELLE. – Monsieur, votre serviteur. Vous voyez un pauvre garçon au désespoir; ne connaissez-vous pas un médecin qui est arrivé depuis peu en cette ville, qui fait des cures[3] admirables?

GORGIBUS. – Oui, je le connais : il vient de sortir de chez moi.

SGANARELLE. – Je suis son frère, Monsieur; nous sommes gémeaux[4]; et, comme nous nous ressemblons fort, on nous prend quelquefois l'un pour l'autre.

GORGIBUS. – Je me dédonne au diable[5] si je n'y ai été trompé. Et comme[6] vous nommez-vous?

---

1. *Commodément* : à votre aise, facilement.
2. *C'est à ce coup que* : c'est ainsi que.
3. *Qui fait des cures* : qui donne des soins.
4. *Gémeaux* : jumeaux.
5. *Je me dédonne au diable* : je me donne au diable (juron populaire).
6. *Comme* : comment.

SGANARELLE. – Narcisse, Monsieur, pour vous rendre service. Il faut que vous sachiez qu'étant[1] dans son cabinet[2], j'ai répandu deux fioles[3] d'essence qui étaient sur le bout de sa table ; aussitôt il s'est mis dans une colère si étrange contre moi, qu'il m'a mis hors du logis, et ne me veut plus jamais voir, tellement que je suis un pauvre garçon à présent sans appui, sans support[4], sans aucune connaissance[5].

GORGIBUS. – Allez, je ferai votre paix : je suis de ses amis, et je vous promets de vous remettre avec lui. Je lui parlerai d'abord que[6] je le verrai.

SGANARELLE. – Je vous serai bien obligé[7], Monsieur Gorgibus.
(Sganarelle sort et rentre aussitôt avec sa robe de médecin.)

Scène 12

SGANARELLE, GORGIBUS

SGANARELLE. – Il faut avouer que quand les malades ne veulent pas suivre l'avis du médecin, et qu'ils s'abandonnent à la débauche[8] que...

GORGIBUS. – Monsieur le Médecin, votre très humble serviteur. Je vous demande une grâce[9].

---

1. *Étant* : alors que j'étais.
2. *Cabinet* : lieu de travail.
3. *Fioles* : petites bouteilles de verre à col étroit utilisées spécialement en pharmacie.
4. *Sans appui, sans support* : sans secours, sans soutien.
5. *Sans aucune connaissance* : sans relation.
6. *D'abord que* : dès que.
7. *Je vous serai bien obligé* : je vous en serai très reconnaissant.
8. *À la débauche* : à une vie dissolue.
9. *Grâce* : faveur.

SGANARELLE. – Qu'y a-t-il, Monsieur ? est-il question de vous rendre service ?

GORGIBUS. – Monsieur, je viens de rencontrer Monsieur votre frère, qui est tout à fait fâché de…

SGANARELLE. – C'est un coquin, Monsieur Gorgibus.

GORGIBUS. – Je vous réponds qu'il est tellement contrit[1] de vous avoir mis en colère…

SGANARELLE. – C'est un ivrogne, Monsieur Gorgibus.

GORGIBUS. – Hé ! Monsieur, vous voulez désespérer ce pauvre garçon ?

SGANARELLE. – Qu'on ne m'en parle plus ; mais voyez l'impudence[2] de ce coquin-là, de vous aller trouver pour faire son accord ; je vous prie de ne m'en pas parler.

GORGIBUS. – Au nom de Dieu, Monsieur le Médecin ! et faites cela pour l'amour de moi[3]. Si je suis capable de vous obliger[4] en autre chose, je le ferai de bon cœur. Je m'y suis engagé, et…

SGANARELLE. – Vous m'en priez avec tant d'insistance que, quoique j'eusse fait serment de ne lui pardonner jamais, allez, touchez là[5] : je lui pardonne. Je vous assure que je me fais grande violence, et qu'il faut que j'aie bien de la complaisance[6] pour vous. Adieu, Monsieur Gorgibus.

GORGIBUS. – Monsieur, votre très humble serviteur ; je m'en vais chercher ce pauvre garçon pour lui apprendre cette bonne nouvelle.

---

1. *Contrit* : ennuyé.
2. *Impudence* : effronterie.
3. *Pour l'amour de moi* : pour moi.
4. *Obliger* : rendre service.
5. *Touchez là* : donnez-moi la main ; geste par lequel on signifie son accord.
6. *Complaisance* : affection.

Scène 13

Valère, Sganarelle

VALÈRE. – Il faut que j'avoue que je n'eusse jamais cru que Sganarelle se fût si bien acquitté de son devoir[1]. *(Sganarelle rentre avec ses habits de valet.)* Ah! Mon pauvre garçon, que je t'ai d'obligation[2]! que j'ai de joie! et que…

SGANARELLE. – Ma foi, vous parlez fort à votre aise[3]. Gorgibus m'a rencontré; et sans une invention que j'ai trouvée, toute la mèche était découverte. Mais fuyez-vous-en, le voici.

Scène 14

Gorgibus, Sganarelle

GORGIBUS. – Je vous cherchais partout pour vous dire que j'ai parlé à votre frère : il m'a assuré qu'il vous pardonnait; mais, pour en être plus assuré, je veux qu'il vous embrasse en ma présence; entrez dans mon logis, et je l'irai chercher.

SGANARELLE. – Ah! Monsieur Gorgibus, je ne crois pas que vous le trouviez à présent; et puis je ne resterai pas chez vous : je crains trop sa colère.

---

1. *Je n'eusse jamais cru que Sganarelle se fût si bien acquitté de son devoir* : je n'aurais jamais cru que Sganarelle réussirait si bien.
2. *Que je t'ai d'obligation!* : je te dois beaucoup!
3. *Vous parlez fort à votre aise* : vous parlez pour vous.

GORGIBUS. – Ah! vous demeurerez[1], car je vous enfermerai. Je m'en vais à présent chercher votre frère : ne craignez rien, je vous réponds[2] qu'il n'est plus fâché. *(Il sort.)*

SGANARELLE, *de la fenêtre*. – Ma foi, me voilà attrapé ce coup-là ; il n'y a plus moyen de m'en échapper. Le nuage est fort épais, et j'ai bien peur que, s'il vient à crever, il ne grêle sur mon dos force coups de bâton, ou que, par quelque ordonnance plus forte que toutes celles des médecins, on m'applique tout au moins un cautère[3] royal sur les épaules. Mes affaires vont mal ; mais pourquoi se désespérer ? Puisque j'ai tant fait, poussons la fourbe[4] jusques au bout. Oui, oui, il en faut encore sortir, et faire voir que Sganarelle est le roi des fourbes. *(Il saute de la fenêtre et s'en va.)*

Scène 15

GROS-RENÉ, GORGIBUS, SGANARELLE

GROS-RENÉ. – Ah! ma foi, voilà qui est drôle! Comme diable on saute ici par les fenêtres! Il faut que je demeure ici, et que je voie à quoi tout cela aboutira.

GORGIBUS. – Je ne saurais[5] trouver ce médecin ; je ne sais où diable il s'est caché. *(Apercevant Sganarelle qui revient en habit de médecin.)* Mais le voici. Monsieur, ce n'est pas

---

1. *Vous demeurerez* : vous resterez.
2. *Je vous réponds* : je vous assure.
3. *Cautère* : fer rougi qu'utilisent les médecins pour refermer une plaie. Sganarelle redoute d'être marqué d'une fleur de lys – emblème de la royauté –, comme l'étaient certains condamnés.
4. *Fourbe* : fourberie. Sganarelle se définit ensuite comme le roi des fourbes, c'est-à-dire le roi des trompeurs.
5. *Je ne saurais* : je ne parviens pas à.

assez d'avoir pardonné à votre frère ; je vous prie, pour ma satisfaction, de l'embrasser : il est chez moi, et je vous cherchais partout pour vous prier de faire cet accord en ma présence.

SGANARELLE. – Vous vous moquez, Monsieur Gorgibus : n'est-ce pas assez que je lui pardonne ? Je ne le veux jamais voir.

GORGIBUS. – Mais, Monsieur, pour l'amour de moi.

SGANARELLE. – Je ne vous saurais rien refuser : dites-lui qu'il descende. *(Pendant que Gorgibus rentre dans sa maison par la porte, Sganarelle y rentre par la fenêtre.)*

GORGIBUS, *à la fenêtre*. – Voilà votre frère qui vous attend là-bas : il m'a promis qu'il fera tout ce que je voudrai.

SGANARELLE, *à la fenêtre*. – Monsieur Gorgibus, je vous prie de le faire venir ici : je vous conjure[1] que ce soit en particulier que je lui demande pardon, parce que sans doute[2] il me ferait cent hontes et cent opprobres[3] devant tout le monde. *(Gorgibus sort de sa maison par la porte, et Sganarelle par la fenêtre.)*

GORGIBUS. – Oui-da[4], je m'en vais lui dire. Monsieur, il dit qu'il est honteux, et qu'il vous prie d'entrer, afin qu'il vous demande pardon en particulier. Voilà la clef, vous pouvez entrer ; je vous supplie de ne me pas refuser et de me donner ce contentement[5].

SGANARELLE. – Il n'y a rien que je ne fasse pour votre satisfaction : vous allez entendre de quelle manière je le vais traiter. *(À la fenêtre.)* Ah ! Te voilà, coquin. – Monsieur mon frère, je vous demande pardon, je vous promets qu'il n'y a point de ma faute[6]. – Il n'y a point de ta faute, pilier de

---

1. *Je vous conjure* : je vous supplie.
2. *Sans doute* : certainement.
3. *Opprobres* : réprimandes.
4. *Oui-da* : voir note 1, p. 44.
5. *Ce contentement* : cette satisfaction.
6. *Il n'y a point de ma faute* : ce n'est pas ma faute.

débauche, coquin? Va, je t'apprendrai à vivre. Avoir la hardiesse[1] d'importuner Monsieur Gorgibus, de lui rompre la tête[2] de tes sottises! – Monsieur mon frère... – Tais-toi, te dis-je. – Je ne vous désoblige... – Tais-toi, coquin.

GROS-RENÉ. – Qui diable pensez-vous qui soit chez vous à présent?

GORGIBUS. – C'est le médecin et Narcisse son frère; ils avaient quelque différend, et ils font leur accord[3].

GROS-RENÉ. – Le diable emporte[4]! Ils ne sont qu'un.

SGANARELLE, *à la fenêtre*. – Ivrogne que tu es, je t'apprendrai à vivre. Comme il baisse la vue[5]! il voit bien qu'il a failli[6], le pendard[7]. Ah! l'hypocrite[8], comme il fait le bon apôtre!

GROS-RENÉ. – Monsieur, dites-lui un peu par plaisir qu'il fasse mettre son frère à la fenêtre.

GORGIBUS. – Oui-da, Monsieur le Médecin, je vous prie de faire paraître votre frère à la fenêtre.

SGANARELLE, *de la fenêtre*. – Il est indigne de la vue des gens d'honneur, et puis je ne le saurais souffrir[9] auprès de moi.

GORGIBUS. – Monsieur, ne me refusez pas cette grâce, après toutes celles que vous m'avez faites.

SGANARELLE, *de la fenêtre*. – En vérité, Monsieur Gorgibus, vous avez un tel pouvoir sur moi que je ne vous puis rien refuser. Montre, montre-toi, coquin. *(Après avoir disparu un moment, il se remonte en habit de valet.)* Monsieur

---

1. ***Hardiesse*** : audace.
2. ***Lui rompre la tête*** : l'importuner.
3. ***Ils font leur accord*** : ils se réconcilient.
4. ***Le diable emporte!*** : que le diable m'emporte!
5. ***Comme il baisse la vue!*** : comme il baisse les yeux!
6. ***Il a failli*** : il a commis une faute.
7. ***Pendard*** : vaurien, canaille.
8. ***Hypocrite*** : qui dissimule, qui fait l'innocent.
9. ***Souffrir*** : voir note 2, p. 41.

Gorgibus, je suis votre obligé. *(Il disparaît encore, et reparaît aussitôt en robe de médecin.)* Hé bien! avez-vous vu cette image de la débauche?

GROS-RENÉ. – Ma foi, ils ne sont qu'un, et, pour vous le prouver, dites-lui un peu que vous les voulez voir ensemble.

GORGIBUS. – Mais faites-moi la grâce de le faire paraître avec vous, et de l'embrasser[1] devant moi à la fenêtre.

SGANARELLE, *de la fenêtre*. – C'est une chose que je refuserais à tout autre qu'à vous; mais pour vous montrer que je veux tout faire pour l'amour de vous[2], je m'y résous[3], quoique avec peine, et veux auparavant qu'il vous demande pardon de toutes les peines qu'il vous a données. – Oui, Monsieur Gorgibus, je vous demande pardon de vous avoir tant importuné, et vous promets, mon frère, en présence de Monsieur Gorgibus que voilà, de faire si bien désormais, que vous n'aurez plus lieu de vous plaindre, vous priant de ne plus songer à ce qui s'est passé. *(Il embrasse son chapeau et sa fraise qu'il a mis au bout de son coude.)*

GORGIBUS. – Hé bien! ne les voilà pas tous deux?

GROS-RENÉ. – Ah! par ma foi, il est sorcier.

SGANARELLE, *sortant de la maison, en médecin*. – Monsieur, voilà la clef de votre maison que je vous rends; je n'ai pas voulu que ce coquin soit descendu avec moi, parce qu'il me fait honte : je ne voudrais pas qu'on le vît en ma compagnie dans la ville, où je suis en quelque réputation. Vous irez le faire sortir quand bon vous semblera. Je vous donne le bonjour, et suis votre, etc. *(Il feint de s'en aller, et, après avoir mis bas sa robe, rentre dans la maison par la fenêtre.)*

---

1. *L'embrasser* : le serrer dans vos bras.
2. *Pour l'amour de vous* : pour vous.
3. *Je m'y résous* : j'y consens.

GORGIBUS. – Il faut que j'aille délivrer ce pauvre garçon; en vérité, s'il lui a pardonné, ce n'a pas été[1] sans le bien maltraiter. *(Il entre dans sa maison, et en sort avec Sganarelle, en habit de valet.)*

SGANARELLE. – Monsieur, je vous remercie de la peine que vous avez prise et de la bonté que vous avez eue : je vous en serai obligé[2] toute ma vie.

GROS-RENÉ. – Où pensez-vous que soit à présent le médecin ?

GORGIBUS. – Il s'en est allé.

GROS-RENÉ, *qui a ramassé la robe de Sganarelle*. – Je le tiens sous mon bras. Voilà le coquin qui faisait le médecin, et qui vous trompe. Cependant[3] qu'il vous trompe et joue la farce chez vous, Valère et votre fille sont ensemble, qui s'en vont à tous les diables.

GORGIBUS. – Ah ! que je suis malheureux ! Mais tu seras pendu, fourbe, coquin.

SGANARELLE. – Monsieur, qu'allez-vous faire de me pendre ? Écoutez un mot, s'il vous plaît : il est vrai que c'est par mon invention que mon maître est avec votre fille ; mais en le servant, je ne vous ai point désobligé[4] : c'est un parti sortable[5] pour elle, tant pour la naissance que pour les biens. Croyez-moi, ne faites point un vacarme qui tournerait à votre confusion[6], et envoyez à tous les diables ce coquin-là, avec Villebrequin. Mais voici nos amants.

---

1. *Ce n'a pas été* : cela n'a pas été.
2. *Obligé* : reconnaissant.
3. *Cependant* : pendant.
4. *Désobligé* : desservi.
5. *Un parti sortable* : un bon parti (assorti).
6. *À votre confusion* : à vos dépens.

Scène dernière

Valère, Lucile, Gorgibus, Sganarelle

Valère. – Nous nous jetons à vos pieds[1].

Gorgibus. – Je vous pardonne, et suis heureusement trompé par Sganarelle, ayant un si brave gendre. Allons tous faire noces, et boire à la santé de toute la compagnie.

---

1. *Nous nous jetons à vos pieds* : nous vous demandons pardon.

DOSSIER

- Aux sources du «génie comique» de Molière

- *La Jalousie du Barbouillé*, héritière de la farce

- *Le Médecin volant*, proche de la *commedia dell'arte*

- Groupement de textes : la satire de la médecine dans les comédies de Molière

- *Le Médecin volant* sur les planches : la mise en scène de Dario Fo (1990)

Aux sources du «génie comique» de Molière

De l'ombre à la lumière...

Pour répondre aux questions suivantes, appuyez-vous sur la présentation et sur la chronologie, p. 9 à 31.

1. Où Louis Cressé mène-t-il régulièrement le jeune Jean-Baptiste Poquelin? Quel milieu lui fait-il découvrir?

2. À quelle profession son père le destine-t-il? Dans quel établissement le jeune Jean-Baptiste Poquelin fait-il ses études? Par qui cet établissement est-il tenu?

3. Quelles études Jean-Baptiste Poquelin poursuit-il à Orléans? À quelle carrière le destinent-elles? Quelle voie choisit-il finalement? De retour dans la capitale, quelles rencontres décisives fait-il?

4. Comment se nomme la troupe que fonde Molière? Avec qui la crée-t-il? Quel type de pièces joue-t-elle? Pourquoi les débuts de la troupe sont-ils particulièrement difficiles?

5. Quel type de pièces Molière et sa troupe jouent-ils en province? pour quel public?

6. Quelles sont les deux premières pièces connues de Molière? De quel type de pièces s'agit-il? Où et quand ont-elles été jouées pour la première fois?

7. Quelles sont les trois grandes troupes qui se produisent dans la capitale quand Molière et sa troupe y reviennent? Où jouent-elles? Quels types de spectacles donnent-elles?

8. Quelle est la première pièce que Molière et sa troupe représentent sans succès devant Louis XIV? À quel genre appartient-elle? Pourquoi est-ce un échec?

9. Avec quelle pièce Molière connaît-il le succès? De quel type de pièce s'agit-il? Pourquoi est-ce un succès?

10. Avec qui Molière est-il contraint de partager la salle du Petit-Bourbon ? Quel personnage, déjà rencontré à Paris alors qu'il venait d'achever ses études à Orléans, retrouve-t-il ? Pourquoi cette rencontre est-elle décisive pour Molière et sa troupe ?

Pistes de recherches

Par petits groupes, effectuez des recherches sur la comédie dans l'Antiquité, au Moyen Âge et à la Renaissance. Quels sont les principaux auteurs comiques ? Quels personnages, quelles situations, quels thèmes retrouve-t-on d'un spectacle à l'autre ? Où, quand et pour quel public ces spectacles sont-ils joués ? Vous pourrez présenter le résultat de vos recherches sous la forme d'un exposé.

Textes d'accompagnement

La Farce du Cuvier (anonyme, fin du XVe siècle)

On trouve de nombreux exemples de scènes de ménage dans les pièces antiques, dans les farces médiévales et dans les comédies du XVIIe siècle qui s'inspirent des deux premières.
Le passage qui suit constitue la première scène d'une des farces médiévales les plus populaires : *La Farce du Cuvier* — « Farce nouvelle, très bonne et fort joyeuse du Cuvier à trois personnages, [...] assavoir : Jacquinot, sa femme et la mère de sa femme ». Jacquinot y dénonce la tyrannie qu'exerce sur lui son épouse.

Chez Jacquinot. Une salle commune. Le milieu ou l'une des extrémités du rideau de fond sert de porte ou de sortie sur la rue. Sur un trépied[1], un cuvier[2] de grande dimension. Autour du cuvier, deux tabourets. Sur une petite table, une écritoire[3] avec des feuillets de papier.

JACQUINOT *commence.* – Le grand diable m'inspira bien quand je me mis en ménage[4] ! Ce n'est que tempête et orage ; et je n'ai que souci et peine. Toujours ma femme se démène[5], comme un danseur ; et puis sa mère veut toujours avoir son mot sur la matière[6]. Je n'ai plus repos ni loisir ; je suis frappé et torturé de gros cailloux jetés sur ma cervelle. L'une crie, l'autre grommelle[7] ; l'une maudit, l'autre tempête[8]. Jour de travail ou jour de fête, je n'ai pas d'autre passe-temps. Je suis au rang des mécontents, car je ne fais mon profit de rien. *(Haussant le ton.)* Mais, par le sang qui coule en moi, je serai maître en ma maison, si je m'y mets !...

La Farce du Cuvier et autres farces du Moyen Âge, GF-Flammarion, coll. « Étonnants Classiques », 2001, p. 15-16.

Question

De qui Jacquinot se plaint-il ? De quoi est-il mécontent ? Que projette-t-il de faire ? Selon vous, que va-t-il se passer ?

L'Inconstance de Flaminia (anonyme, probablement seconde moitié du XVIe siècle)

L'inconstance amoureuse ou l'infidélité sont des thèmes autour desquels ont été bâtis de nombreux canevas de

---

1. *Trépied* : tabouret à trois pieds.
2. *Cuvier* : grande bassine en bois qui sert pour laver le linge.
3. *Écritoire* : coffret contenant tout le nécessaire pour écrire.
4. *Quand je me mis en ménage* : quand je me mariai.
5. *Se démène* : s'agite.
6. *Son mot sur la matière* : son avis sur la question.
7. *Grommelle* : bougonne, se plaint.
8. *L'autre tempête* : l'autre hurle.

pièces appartenant à la *commedia dell'arte*. Les scènes qui suivent sont extraites d'une pièce comique très populaire, *L'Inconstance de Flaminia*. Virginio, fils de Coviello, et Orazio, un gentilhomme, aiment respectivement Flaminia et Florinda, toutes deux filles du seigneur Magnifico. Mais ils ne sont pas les seuls à aimer, et chacune des scènes est l'occasion, pour l'auteur anonyme de la pièce, de multiplier les intrigues amoureuses...

Acte premier

La scène est à Milan.

VIRGINIO *entre, en disant à* ORAZIO l'amour qu'il porte à Flaminia, fille de Magnifico. La nuit précédente, ayant vu un homme faire les cent pas sous les fenêtres de celle-ci, il lui a tiré un coup d'arquebuse[1] et croit l'avoir tué. Orazio l'exhorte[2] à rester caché. Virginio sort, Orazio reste, et dit son amour pour Florinda. Sur ce ARDELIA entre et lui avoue son amour; Orazio, en feignant[3], lui donne de bonnes paroles. Ardelia sort, Orazio dit qu'il ne l'aime pas à cause de son amour pour Florinda et qu'il a du respect pour son cher ami Virginio. Il sort.

COVIELLO *entre, en disant à* SCAPINO l'amour qu'il porte à Flaminia. Il dit qu'après l'avoir saluée à de fréquentes reprises, il veut maintenant lui parler. Scapino frappe à la porte de FLAMINIA. Coviello lui révèle son amour, elle le tourne en ridicule. Coviello lui rappelle toutes les fois qu'elle lui a fait bonne figure; elle répond que c'était par amour de Virginio, son fils. Coviello l'accuse d'inconstance. Elle rentre dans la maison; Coviello et Scapino sortent pour aller trouver Magnifico. [...]

L'Inconstance de Flaminia, in Claude Bourqui, *La Commedia dell'arte*, SEDES/ HER, 1999, p. 145.

---

1. *Arquebuse* : ancienne arme à feu qu'on faisait partir au moyen d'une mèche ou d'un rouet.
2. *L'exhorte* : l'encourage.
3. *En feignant* : en faisant semblant.

Question

Quelle est la particularité d'un canevas de *commedia dell'arte* ? En quoi cette tradition diffère-t-elle de celle de la farce ? Quelles conséquences cela a-t-il sur le spectacle ?

À vos plumes !

L'épouse et la belle-mère de Jacquinot, les personnages de *La Farce du Cuvier*, font leur entrée en scène. Elles ont entendu ce qu'il disait et sont bien décidées à lui mener la vie dure… Pour sa part, Jacquinot ne compte pas se laisser faire. Mais la chose se révèle plus difficile que prévu. Imaginez la scène en une trentaine de lignes.

À vous de jouer !

Improvisez ! En vous appuyant sur l'extrait reproduit précédemment, mettez en scène et jouez par petits groupes les situations esquissées au début de *L'Inconstance de Flaminia*.

La Jalousie du Barbouillé, héritière de la farce

Au fil du texte…

1. Quel personnage est sur scène lorsque le rideau s'ouvre ? Qu'est-ce qui le préoccupe ? À qui souhaite-t-il demander conseil ? Quel personnage est sur le point d'entrer en scène ? Quel élément nous l'indique ? (Scène première.)

2. Qu'essaie, en vain, de faire le Barbouillé ? Pourquoi n'y parvient-il pas ? En quoi le discours du Docteur est-il comique ? (Quelle est la fonction des phrases latines ? des références aux différentes disciplines de la philosophie ? aux

différentes parties de la grammaire?) En quoi le personnage du Docteur est-il ridicule? (Scène 2.)

3. Décontenancé par le discours du Docteur, le Barbouillé lui propose de l'argent. Le médecin accepte-t-il ce salaire? Pourquoi sa réponse est-elle comique? Par quel geste accompagne-t-il ses paroles? (Scène 2.)

4. En quels termes Angélique parle-t-elle de son mari? Comment Cathau surnomme-t-elle ce dernier? (Scène 3.)

5. Qu'est-ce que Valère et Angélique essaient de faire croire au Barbouillé? Celui-ci se laisse-t-il berner? Citez le texte pour justifier votre réponse. (Scène 4.)

6. Quels personnages font leur apparition dans les scènes 5 et 6? Pourquoi les propos qu'échangent le Docteur et Gorgibus dans la scène 6 sont-ils comiques? En quoi le discours tenu par le Docteur est-il ridicule? Quels sont les jeux de scène qui rappellent la tradition de la farce? (Scènes 5 et 6.)

7. Où Valère et Angélique se rendent-ils? Pourquoi Angélique revient-elle rapidement sur scène? En quels termes le Barbouillé parle-t-il du Docteur? Quel regard porte-t-il sur sa science? Qu'arrive-t-il à Angélique? Pourquoi le rythme de la pièce s'accélère-t-il? (Scènes 7 à 10.)

8. Pour quelles raisons le Barbouillé refuse-t-il d'ouvrir la porte à Angélique? De quoi le menace-t-elle? Comment le Barbouillé réagit-il? Pourquoi la fin de la scène est-elle comique? De quel type de comique s'agit-il ici? (Scène 11.)

9. Quel conseil Gorgibus et Villebrequin donnent-ils à Angélique et au Barbouillé? En quoi cela rappelle-t-il la tradition de la farce? Qui le Barbouillé prend-il à témoin à la fin de la scène? (Scène 12.)

10. Dans quel accoutrement le Docteur se présente-t-il? Pourquoi les propos qu'il tient sont-ils comiques? (Scène treizième et dernière.)

Dossier | 85

Pistes de recherches

Par petits groupes, effectuez des recherches sur la farce. Qui sont les grands farceurs au temps de Molière ? En quoi consistent leurs pièces ? Quels sont les thèmes et les situations qui reviennent le plus souvent ? Où jouent-ils et à quel public s'adressent-ils ? Dans *La Jalousie du Barbouillé*, indiquez les éléments qui rappellent l'univers de la farce. Vous pourrez présenter le résultat de vos recherches sous la forme d'un exposé oral.

Texte d'accompagnement

Molière, *George Dandin ou le Mari confondu* (1668)

Reprise et développée, la scène 2 de *La Jalousie du Barbouillé* est devenue la scène 6 de l'acte III de *George Dandin*. Paysan balourd, George Dandin a épousé une jeune aristocrate, Angélique. Il est persuadé que celle-ci cherche à le tromper et fait tout pour la confondre. Un soir, alors qu'elle rentre d'un rendez-vous galant, il s'enferme dans leur demeure pour laisser la jeune femme dans la rue et convaincre les parents de celle-ci de son infidélité.

Acte III
Scène 6
ANGÉLIQUE, CLAUDINE[1], GEORGE DANDIN

ANGÉLIQUE. – Rentrons sans faire de bruit.

CLAUDINE. – La porte s'est fermée.

ANGÉLIQUE. – J'ai le passe-partout.

CLAUDINE. – Ouvrez donc doucement.

ANGÉLIQUE. – On a fermé en dedans, et je ne sais comment nous ferons.

CLAUDINE. – Appelez le garçon qui couche là.

---

[1]. Claudine est la suivante (voir note 3, p. 34) d'Angélique.

ANGÉLIQUE. – Colin, Colin, Colin[1].

GEORGE DANDIN, *mettant la tête à sa fenêtre*. – Colin, Colin ? Ah ! je vous y prends donc, Madame ma femme, et vous faites des *escampativos*[2] pendant que je dors. Je suis bien aise de cela[3], et de vous voir dehors à l'heure qu'il est.

ANGÉLIQUE. – Hé bien ! quel grand mal est-ce qu'il y a à prendre le frais de la nuit ?

GEORGE DANDIN. – Oui, oui, l'heure est bonne à prendre le frais. C'est bien plutôt le chaud, Madame la coquine ; et nous savons toute l'intrigue du rendez-vous[4], et du damoiseau[5]. Nous avons entendu votre galant entretien, et les beaux vers à ma louange que vous avez dits l'un et l'autre. Mais ma consolation, c'est que je vais être vengé, et que votre père et votre mère seront convaincus maintenant de la justice[6] de mes plaintes, et du dérèglement de votre conduite. Je les ai envoyé quérir[7], et ils vont être ici dans un moment.

ANGÉLIQUE. – Ah Ciel !

CLAUDINE. – Madame.

GEORGE DANDIN. – Voilà un coup sans doute où vous ne vous attendiez pas[8]. C'est maintenant que je triomphe, et j'ai de quoi mettre à bas votre orgueil, et détruire vos artifices. Jusques ici vous avez joué mes accusations, ébloui vos parents, et plâtré vos malversations[9]. J'ai eu beau voir, et beau dire, et votre adresse toujours l'a emporté sur mon bon droit, et toujours vous avez trouvé moyen d'avoir raison ;

---

1. Colin est le valet de George Dandin.
2. *Escampativos* : escapades (terme populaire d'origine gasconne).
3. *Je suis bien aise de cela* : j'en suis heureux.
4. *Nous savons toute l'intrigue du rendez-vous* : nous savons tout de votre rendez-vous.
5. *Damoiseau* : jeune seigneur.
6. *De la justice* : du bien-fondé, de la justesse, de la véracité.
7. *Quérir* : voir note 5, p. 57.
8. *Où vous ne vous attendiez pas* : que vous n'aviez pas prévu.
9. *Plâtré vos malversations* : déguisé votre mauvaise conduite.

mais à cette fois, Dieu merci, les choses vont être éclaircies, et votre effronterie[1] sera pleinement confondue[2].

ANGÉLIQUE. – Hé ! je vous prie, faites-moi ouvrir la porte.

GEORGE DANDIN. – Non, non ; il faut attendre la venue de ceux que j'ai mandés[3], et je veux qu'ils vous trouvent dehors à la belle heure qu'il est. En attendant qu'ils viennent, songez, si vous voulez, à chercher dans votre tête quelque nouveau détour pour vous tirer de cette affaire, à inventer quelque moyen de rhabiller[4] votre escapade, à trouver quelque belle ruse pour éluder[5] ici les gens et paraître innocente, quelque prétexte spécieux[6] de pèlerinage nocturne, ou d'amie en travail d'enfant[7], que vous veniez de secourir.

ANGÉLIQUE. – Non : mon intention n'est pas de vous rien déguiser[8]. Je ne prétends point me défendre, ni vous nier les choses, puisque vous les savez.

GEORGE DANDIN. – C'est que vous voyez bien que tous les moyens vous en sont fermés, et que dans cette affaire vous ne sauriez inventer d'excuse qu'il ne me soit facile de convaincre de fausseté.

ANGÉLIQUE. – Oui, je confesse que j'ai tort, et que vous avez sujet de vous plaindre. Mais je vous demande par grâce de ne m'exposer point maintenant à la mauvaise humeur de mes parents, et de me faire promptement ouvrir.

GEORGE DANDIN. – Je vous baise les mains[9].

ANGÉLIQUE. – Eh ! mon pauvre petit mari, je vous en conjure[10] !

GEORGE DANDIN. – Ah ! mon pauvre petit mari ? Je suis votre petit mari maintenant, parce que vous vous sentez prise. Je

---

1. *Votre effronterie* : votre comportement scandaleux.
2. *Confondue* : découverte.
3. *Ceux que j'ai mandés* : ceux que j'ai fait appeler.
4. *Rhabiller* : justifier.
5. *Éluder* : tromper.
6. *Spécieux* : trompeur.
7. *Amie en travail d'enfant* : amie sur le point d'accoucher.
8. *De vous rien déguiser* : de vous cacher quelque chose.
9. *Je vous baise les mains* : forme courtoise et ironique de refus.
10. *Je vous en conjure* : je vous en supplie.

suis bien aise de cela, et vous ne vous étiez jamais avisée de me dire ces douceurs.

ANGÉLIQUE. – Tenez, je vous promets de ne vous plus donner aucun sujet de déplaisir, et de me…

GEORGE DANDIN. – Tout cela n'est rien. Je ne veux point perdre cette aventure, et il m'importe qu'on soit une fois éclairci à fond de vos déportements[1].

ANGÉLIQUE. – De grâce, laissez-moi vous dire. Je vous demande un moment d'audience.

GEORGE DANDIN. – Hé bien, quoi ?

ANGÉLIQUE. – Il est vrai que j'ai failli[2], je vous l'avoue encore une fois, et que votre ressentiment est juste ; que j'ai pris le temps de sortir pendant que vous dormiez, et que cette sortie est un rendez-vous que j'avais donné à la personne que vous dites. Mais enfin ce sont des actions que vous devez pardonner à mon âge ; des emportements de jeune personne qui n'a encore rien vu, et ne fait que d'entrer au monde ; des libertés où l'on s'abandonne sans y penser de mal, et qui sans doute dans le fond n'ont rien de…

GEORGE DANDIN. – Oui : vous le dites et ce sont de ces choses qui ont besoin qu'on les croie pieusement.

ANGÉLIQUE. – Je ne veux point m'excuser par là d'être coupable envers vous, et je vous prie seulement d'oublier une offense dont je vous demande pardon de tout mon cœur, et de m'épargner en cette rencontre le déplaisir que pourraient me causer les reproches fâcheux de mon père et de ma mère. Si vous m'accordez généreusement la grâce que je vous demande, ce procédé obligeant, cette bonté que vous me ferez voir, me gagnera entièrement. Elle touchera tout à fait mon cœur, et y fera naître pour vous ce que tout le pouvoir de mes parents et les liens du mariage n'avaient pu y jeter. En un mot, elle sera cause que je renoncerai à toutes les galante-

---

1. *Déportements* : écarts de conduite.
2. *J'ai failli* : j'ai commis une faute.

ries[1], et n'aurai de l'attachement que pour vous. Oui, je vous donne ma parole que vous m'allez voir désormais la meilleure femme du monde, et que je vous témoignerai tant d'amitié[2], tant d'amitié, que vous en serez satisfait.

GEORGE DANDIN. – Ah ! crocodile[3], qui flatte les gens pour les étrangler.

ANGÉLIQUE. – Accordez-moi cette faveur.

GEORGE DANDIN. – Point d'affaires. Je suis inexorable.

ANGÉLIQUE. – Montrez-vous généreux.

GEORGE DANDIN. – Non.

ANGÉLIQUE. – De grâce !

GEORGE DANDIN. – Point.

ANGÉLIQUE. – Je vous en conjure de tout mon cœur !

GEORGE DANDIN. – Non, non, non. Je veux qu'on soit détrompé de vous, et que votre confusion éclate.

ANGÉLIQUE. – Hé bien ! si vous me réduisez au désespoir, je vous avertis qu'une femme en cet état est capable de tout, et que je ferai quelque chose ici dont vous vous repentirez.

GEORGE DANDIN. – Et que ferez-vous, s'il vous plaît ?

ANGÉLIQUE. – Mon cœur se portera jusqu'aux extrêmes résolutions, et de ce couteau que voici je me tuerai sur la place.

GEORGE DANDIN. – Ah ! ah ! à la bonne heure !

ANGÉLIQUE. – Pas tant à la bonne heure pour vous que vous vous imaginez. On sait de tous côtés nos différends, et les chagrins[4] perpétuels que vous concevez contre moi. Lorsqu'on me trouvera morte, il n'y aura personne qui mette en doute que ce ne soit vous qui m'aurez tuée ; et mes parents ne sont pas gens assurément à laisser cette mort impunie, et ils en feront sur votre personne toute la punition que leur pourront offrir et les poursuites de la justice, et la chaleur de leur ressentiment. C'est par là que je trouverai moyen de me venger

---

1. *Galanteries* : intrigues amoureuses.
2. *Amitié* : affection.
3. *Crocodile* : hypocrite.
4. *Chagrins* : contrariétés.

de vous, et je ne suis pas la première qui ait su recourir à de pareilles vengeances, qui n'ait pas fait difficulté de se donner la mort pour perdre ceux qui ont la cruauté de nous pousser à la dernière extrémité.

GEORGE DANDIN. – Je suis votre valet. On ne s'avise plus de se tuer soi-même, et la mode en est passée il y a longtemps[1].

ANGÉLIQUE. – C'est une chose dont vous pouvez vous tenir sûr[2] ; et si vous persistez dans votre refus, si vous ne me faites ouvrir, je vous jure que tout à l'heure je vais vous faire voir jusques où peut aller la résolution d'une personne qu'on met au désespoir.

GEORGE DANDIN. – Bagatelles[3], bagatelles. C'est pour me faire peur.

ANGÉLIQUE. – Hé bien ! puisqu'il le faut, voici qui nous contentera tous les deux, et montrera si je me moque. Ah ! c'en est fait. Fasse le Ciel que ma mort soit vengée comme je le souhaite, et que celui qui en est cause reçoive un juste châtiment de la dureté qu'il a eue pour moi !

GEORGE DANDIN. – Ouais[4] ! serait-elle bien si malicieuse que de s'être tuée pour me faire pendre ? Prenons un bout de chandelle pour aller voir.

ANGÉLIQUE. – St[5]. Paix ! Rangeons-nous chacune immédiatement contre un des côtés de la porte.

GEORGE DANDIN. – La méchanceté d'une femme irait-elle bien jusque-là ? *(Il sort avec un bout de chandelle, sans les apercevoir ; elles entrent ; aussitôt elles ferment la porte.)* Il n'y a personne. Eh ! je m'en étais bien douté, et la pendarde[6] s'est retirée, voyant qu'elle ne gagnait rien après moi, ni par prières ni par menaces. Tant mieux ! cela rendra ses affaires encore plus

---

[1]. Aux yeux de George Dandin, le suicide semble réservé aux héros tragiques de l'Antiquité.
[2]. *Tenir sûr* : être sûr.
[3]. *Bagatelles* : bêtises.
[4]. *Ouais !* : oui !
[5]. *St* : chut.
[6]. *Pendarde* : voir note 7, p. 75.

mauvaises, et le père et la mère qui vont venir en verront mieux son crime. Ah! ah! la porte s'est fermée. Holà! ho! quelqu'un! qu'on m'ouvre promptement!

ANGÉLIQUE, *à la fenêtre avec Claudine.* – Comment? c'est toi? D'où viens-tu, bon pendard? Est-il l'heure de revenir chez soi quand le jour est près de paraître? et cette manière de vie[1] est-elle celle que doit suivre un honnête mari?

CLAUDINE. – Cela est-il beau d'aller ivrogner toute la nuit? et de laisser ainsi toute seule une pauvre jeune femme dans la maison?

GEORGE DANDIN. – Comment? vous avez…

ANGÉLIQUE. – Va, va, traître, je suis lasse de tes déportements, et je m'en veux plaindre, sans plus tarder, à mon père et à ma mère.

GEORGE DANDIN. – Quoi? c'est ainsi que vous osez…

Molière, *George Dandin*, GF-Flammarion, coll. «Étonnants Classiques», 1998, p. 104-114.

Question

En quoi cette scène de *George Dandin* est-elle proche de la scène 2 de *La Jalousie du Barbouillé*? Comparez les personnages, les répliques et la structure des deux textes.

À vos plumes!

«Le Barbouillé, Angélique, Gorgibus, Cathau, Villebrequin parlent tous à la fois, voulant dire la cause de la querelle, et le Docteur aussi, disant que la paix est une belle chose, et font un bruit confus de leurs voix; et pendant tout le bruit, le Barbouillé attache le Docteur par le pied, et le fait tomber; le Docteur se doit laisser tomber sur le dos; le Barbouillé l'entraîne par la corde qu'il lui a attachée au pied, et, en l'entraînant, le Docteur doit toujours parler, et compte par ses doigts toutes ses raisons, comme s'il n'était point à terre, alors qu'il ne paraît plus» (p. 47). Imaginez en une trentaine

---

1. *Manière de vie* : façon de vivre.

de lignes la fin de la scène 6 de *La Jalousie du Barbouillé*, en partant de cette didascalie, et en faisant parler chacun des personnages. Attention, vous devrez utiliser des phrases très courtes et donner la parole à plusieurs personnages à la fois si vous souhaitez qu'il règne dans votre texte, comme dans celui de Molière, une véritable atmosphère de confusion!

À vous de jouer!

Par petits groupes, mettez en scène et jouez la scène 6 ou la scène 2 de *La Jalousie du Barbouillé*. Vous accorderez un soin tout particulier au choix des costumes, aux déplacements des personnages et aux éléments du décor.

Le Médecin volant, proche de la *commedia dell'arte*

Au fil du texte...

1. Qui sont les personnages en scène lorsque s'ouvre le rideau? Par quoi sont-ils préoccupés? Que projettent-ils de faire? (Scène première.)
2. Quel personnage fait son entrée? Que lui demande-t-on? Comment réagit-il? (Scène 2.)
3. Qu'est-ce qu'un galimatias? Qu'est supposé faire Gros-René? dans quel but? (Scène 3.)
4. En quels termes Sabine présente-t-elle Sganarelle à Gorgibus? En quoi le discours de Sganarelle est-il ridicule? (Scènes 4 et 5.)
5. Quel nouveau personnage fait son entrée? Quel discours tient-il sur la médecine et sur les médecins? Qu'est-ce qui est

comique dans les propos que Sganarelle échange avec lui ? (Scènes 6 à 8.)

6. Dans quel nouvel habit Sganarelle se présente-t-il ? Qu'apprend-il à Valère ? Pourquoi est-il soudain embarrassé ? Que décide-t-il alors de faire ? (Scènes 9 et 10.)

7. Pour qui Sganarelle se fait-il passer auprès de Gorgibus ? Que lui raconte-t-il ? Que fait Gorgibus ? Quel habit revêt alors Sganarelle ? Qu'est-ce qui nous l'apprend ? (Scène 11.)

8. Qu'est-ce que Gorgibus demande à Sganarelle dans la scène 12 ? Comment réagit-il ? Pourquoi la scène est elle amusante ? Que lui demande-t-il dans la scène 14 ? Comment réagit-il ? Pourquoi cette scène est-elle comique ? Qu'est-ce qui inquiète Sganarelle ? (Scènes 12 à 14.)

9. En quoi la dernière scène est-elle comique ? À quel jeu Sganarelle se livre-t-il ? Qu'est-ce que Gorgibus ne voit pas ? Quel personnage dénonce l'imposture ? Pourquoi les didascalies sont-elles particulièrement importantes dans cette scène ? Sur quel type de comique repose celle-ci ? (Scène 15.)

10. De quelle manière Gorgibus veut-il punir Sganarelle de l'avoir trompé ? Comment celui-ci réagit-il ? Quelle décision Gorgibus prend-il finalement ? (Scène dernière.)

Pistes de recherches

Par petits groupes, effectuez des recherches sur la *commedia dell'arte*. Où et quand cet art est-il apparu ? Quels sont les personnages qui composent une troupe de *commedia* ? Quelles sont leurs caractéristiques ? Quelles sont les spécificités d'un spectacle de *commedia* ? Pourquoi les comédiens italiens connaissent-ils un grand succès lors de leur séjour dans la capitale ? En quoi ont-ils contribué à renouveler la conception que le public et les comédiens avaient du théâtre ?

Vous pourrez présenter le résultat de vos recherches sous la forme d'un exposé.

Texte d'accompagnement
Molière, *Les Fourberies de Scapin* (1671)

Comme *Le Médecin volant*, la pièce *Les Fourberies de Scapin* est une comédie qui s'inscrit dans la tradition de la *commedia dell'arte*. En l'absence de leurs pères respectifs Argante et Géronte, Octave s'amourache d'une bohémienne et Léandre épouse une orpheline. Mais les vieillards reviennent avec de tout autres projets pour leurs fils. Les deux jeunes gens s'en remettent alors à l'habileté de Scapin, le valet de Léandre. À force de ruses, Scapin parvient à les tirer d'affaire.

Dans une scène truculente – la scène 2 de l'acte III –, le valet fait croire à Géronte que des hommes sont à sa recherche pour le frapper. Il l'incite à se cacher dans un sac pour leur échapper... Si Scapin recourt à cette fourberie, c'est pour pouvoir administrer à Géronte une série de coups de bâton et rire à ses dépens...

Acte III
Scène 2
GÉRONTE, SCAPIN

[...]

SCAPIN. – Cachez-vous : voici un spadassin[1] qui vous cherche. *(En contrefaisant[2] sa voix.)* «Quoi? jé n'aurai pas l'abantage dé tuer cé Geronte, et quelqu'un par charité né m'enseignera pas où il est?» *(À Géronte, de sa voix ordinaire.)* Ne branlez pas[3]. *(Reprenant son ton contrefait.)* «Cadédis[4], jé lé trouberai, sé

---
1. *Spadassin* : homme d'épée.
2. *En contrefaisant* : voir note 4, p. 57.
3. *Ne branlez pas* : ne remuez pas.
4. *Cadédis* : juron signifiant «tête de Dieu».

cachât-il au centre dé la terre.» *(À Géronte avec son ton naturel.)* Ne vous montrez pas. *(Tout le langage gascon est supposé de celui qu'il contrefait, et le reste de lui.)* «Oh, l'homme au sac!» Monsieur. «Jé té vaille[1] un louis, et m'enseigne où put être Geronte.» Vous cherchez le seigneur Géronte? «Oui, mordi! jé lé cherche.» Et pour quelle affaire, Monsieur? «Pour quelle affaire?» Oui. «Jé beux, cadédis, lé faire mourir sous les coups de vaton.» Oh! Monsieur, les coups de bâton ne se donnent point à des gens comme lui, et ce n'est pas un homme à être traité de la sorte. «Qui, cé fat dé Geronte, cé maraut, cé velître[2]?» Le seigneur Géronte, Monsieur, n'est ni fat, ni maraud, ni bélître, et vous devriez, s'il vous plaît, parler d'autre façon. «Comment, tu mé traites, à moi, avec cette hautur?» Je défends, comme je dois, un homme d'honneur qu'on offense. «Est-ce que tu es des amis dé cé Geronte?» Oui, Monsieur, j'en suis. «Ah! Cadédis, tu es de ses amis, à la vonne hure[3].» *(Il donne plusieurs coups de bâton sur le sac.)* «Tiens. Boilà cé que jé té vaille pour lui.» Ah, ah, ah! ah, Monsieur! Ah, ah, Monsieur! tout beau. Ah, doucement, ah, ah, ah! «Va, porte-lui cela de ma part. Adiusias[4].» Ah! diable soit le Gascon. Ah! *(En se plaignant et remuant le dos, comme s'il avait reçu les coups de bâton.)*

Molière, *Les Fourberies de Scapin*, GF-Flammarion, coll. «Étonnants Classiques», 1995, p. 100-101.

Question

Dans ce passage, quels sont les éléments qui rappellent la scène 15 du *Médecin volant*? Comparez les personnages et les situations. Qu'est-ce qui n'a pas changé du *Médecin volant* aux *Fourberies de Scapin*?

---

1. *Vaille* : pour «baille», qui signifie «donne».
2. *Velître* : pour «bélître», qui signifie «gueux».
3. *À la vonne hure* : à la bonne heure.
4. *Adiusias* : adieu.

À vos plumes!

Villebrequin n'a pas apprécié le tour que lui ont joué Valère et Sganarelle, pas plus que la décision de Gorgibus de marier sa fille à Valère. Pour se venger, il se déguise en bohémien, enlève Lucile et exige une rançon de Gorgibus. Pour échapper à celui qui la retient prisonnière, Lucile feint d'être malade et demande à voir un médecin. Villebrequin part alors à la recherche d'un docteur. Valère, qui le rencontre, le reconnaît sous son déguisement et décide de convaincre Sganarelle de jouer les médecins.

Imaginez une scène dans laquelle Sganarelle permettra à Lucile d'échapper à Villebrequin, à Gorgibus de ne pas payer la rançon et à Valère de retrouver sa bien-aimée.

À vous de jouer!

Par petits groupes, mettez en scène et jouez la scène 4 ou la scène 15 du *Médecin volant*. Vous accorderez un soin tout particulier au choix des costumes, aux déplacements des personnages et aux éléments du décor.

Groupement de textes : la satire de la médecine dans les comédies de Molière

Pistes de recherches

Par petits groupes, effectuez des recherches sur les médecins et la médecine au temps de Molière. De quels savoirs disposaient les médecins? pour soigner quelles maladies? avec quels remèdes ? Vous pourrez présenter le fruit de vos recherches sous la forme d'un exposé oral.

Textes d'accompagnement

Les comédies dans lesquelles Molière se livre à la satire de la médecine sont nombreuses. Les trois textes qui suivent, extraits du *Mariage forcé*, du *Médecin malgré lui* et du *Malade imaginaire*, mettent en scène quelques-uns des vrais ou faux médecins imaginés par le dramaturge.

Molière, *Le Mariage forcé* (1664)

Dans *Le Mariage forcé*, Sganarelle confie à son ami Géronimo son désir d'épouser une certaine Dorimène, de plus de vingt ans sa cadette. Il lui fait part également de l'inquiétude que suscite en lui cette différence d'âge. Le mariage est-il une bonne chose ? Sa future épouse ne risque-t-elle pas de le tromper ? Géronimo lui conseille alors de consulter deux savants, les médecins Pancrace et Marphurius. Peu avancé après son entretien avec le premier, Sganarelle demande conseil au second...

Scène 5
MARPHURIUS, SGANARELLE

MARPHURIUS. – Que voulez-vous de moi, seigneur Sganarelle ?

SGANARELLE. – Seigneur docteur, j'aurais besoin de votre conseil sur une petite affaire dont il s'agit, et je suis venu ici pour cela. Ah ! Voilà qui va bien : il écoute le monde celui-ci.

MARPHURIUS. – Seigneur Sganarelle, changez, s'il vous plaît, cette façon de parler. Notre philosophie ordonne de ne point énoncer de proposition décisive, de parler de tout avec incertitude, de suspendre toujours son jugement ; et, par cette raison, vous ne devez pas dire : « je suis venu » mais : « il me semble que je suis venu ».

SGANARELLE. – Il me semble !

MARPHURIUS. – Oui.

SGANARELLE. – Parbleu ! Il faut bien qu'il me le semble, puisque cela est[1].

MARPHURIUS. – Ce n'est pas une conséquence ; et il peut vous sembler[2], sans que la chose soit véritable.

SGANARELLE. – Comment ? Il n'est pas vrai que je suis venu ?

MARPHURIUS. – Cela est incertain, et nous devons douter de tout.

SGANARELLE. – Quoi ? Je ne suis pas ici, et vous ne me parlez pas ?

MARPHURIUS. – Il m'apparaît que vous êtes là, et il me semble que je vous parle ; mais il n'est pas assuré que cela soit.

SGANARELLE. – Eh ! Que diable ! Vous vous moquez. Me voilà, et vous voilà bien nettement, et il n'y a point de me semble à tout cela. Laissons ces subtilités, je vous prie, et parlons de mon affaire. Je viens vous dire que j'ai envie de me marier.

MARPHURIUS. – Je n'en sais rien.

SGANARELLE. – Je vous le dis.

MARPHURIUS. – Il se peut faire.

SGANARELLE. – La fille que je veux prendre est fort jeune et fort belle.

MARPHURIUS. – Il n'est pas impossible.

SGANARELLE. – Ferai-je bien ou mal de l'épouser ?

MARPHURIUS. – L'un ou l'autre.

SGANARELLE. – Ah ! Ah ! Voici une autre musique. Je vous demande si je ferai bien d'épouser la fille dont je vous parle.

MARPHURIUS. – Selon la rencontre.

SGANARELLE. – Ferai-je mal ?

MARPHURIUS. – Par aventure.

SGANARELLE. – De grâce, répondez-moi comme il faut.

MARPHURIUS. – C'est mon dessein[3].

SGANARELLE. – J'ai une grande inclination[4] pour la fille.

---

1. *Puisque cela est* : puisqu'il en est ainsi.
2. *Il peut vous sembler* : cela peut vous paraître vraisemblable.
3. *C'est mon dessein* : c'est mon but.
4. *Inclination* : attirance.

MARPHURIUS. – Cela peut être.
SGANARELLE. – Le père me l'a accordée.
MARPHURIUS. – Il se pourrait.
SGANARELLE. – Mais, en l'épousant, je crains d'être cocu.
MARPHURIUS. – La chose est faisable.
SGANARELLE. – Qu'en pensez-vous ?
MARPHURIUS. – Il n'y a pas d'impossibilité.
SGANARELLE. – Mais que feriez-vous, si vous étiez en ma place ?
MARPHURIUS. – Je ne sais.
SGANARELLE. – Que me conseillez-vous de faire ?
MARPHURIUS. – Ce qui vous plaira.
SGANARELLE. – J'enrage.
MARPHURIUS. – Je m'en lave les mains.
SGANARELLE. – Au diable soit le vieux rêveur !
MARPHURIUS. – Il en sera ce qui pourra.
SGANARELLE. – La peste du bourreau ! Je te ferai changer de note, chien de philosophe enragé.
MARPHURIUS. – Ah ! Ah ! Ah !
SGANARELLE. – Te voilà payé de ton galimatias[1], et me voilà content.
MARPHURIUS. – Comment ? Quelle insolence ! M'outrager de la sorte ! Avoir eu l'audace de battre un philosophe comme moi !
SGANARELLE. – Corrigez, s'il vous plaît, cette manière de parler. Il faut douter de toutes choses, et vous ne devez pas dire que je vous ai battu, mais qu'il vous semble que je vous ai battu.
MARPHURIUS. – Ah ! Je m'en vais faire ma plainte au commissaire du quartier, des coups que j'ai reçus.
SGANARELLE. – Je m'en lave les mains.
MARPHURIUS. – J'en ai les marques sur ma personne.
SGANARELLE. – Il se peut faire.
MARPHURIUS. – C'est toi qui m'as traité ainsi.
SGANARELLE. – Il n'y a pas d'impossibilité.
MARPHURIUS. – J'aurai un décret contre toi.

---

1. *Galimatias* : ici, paroles incompréhensibles.

SGANARELLE. – Je n'en sais rien.
MARPHURIUS. – Et tu seras condamné en justice.
SGANARELLE. – Il en sera ce qui pourra.
MARPHURIUS. – Laisse-moi faire.
SGANARELLE. – Comment ? On ne saurait tirer une parole positive de ce chien d'homme-là, et l'on est aussi savant à la fin qu'au commencement. Que dois-je faire dans l'incertitude des suites de mon mariage ? Jamais homme ne fut plus embarrassé que je suis. Ah ! Voici des Égyptiennes[1] ; il faut que je me fasse dire par elles ma bonne aventure.

> Molière, *Le Mariage forcé*, in *Œuvres complètes*, GF-Flammarion, 1995, t. II, p. 146-150.

Question

Indiquez sur quoi repose le comique de cette scène. Qu'attend précisément Sganarelle de Marphurius ? Celui-ci répond-il à ses interrogations ? Quels travers des médecins Molière critique-t-il par l'intermédiaire de ce personnage ?

Molière, *Le Médecin malgré lui* (1666)

Dans *Le Médecin malgré lui*, pour se venger des coups que lui a donnés son épous Sganarelle, Martine décide de le faire passer pour un célèbre docteur auprès de Valère et de Lucas. Le maître de ces derniers, Géronte, leur a demandé de trouver un médecin pour guérir sa fille Lucinde, atteinte de mutisme depuis l'instant précis où il lui a appris sa décision de la marier avec un de ses vieux amis, Horace... Devenu médecin malgré lui, Sganarelle s'applique à jouer son rôle du mieux qu'il peut.

Acte II
Scène 2
VALÈRE, SGANARELLE, GÉRONTE, LUCAS, JACQUELINE

VALÈRE. – Monsieur, préparez-vous. Voici notre médecin qui entre.

---

1. *Égyptiennes* : bohémiennes, au XVIIe siècle.

GÉRONTE. – Monsieur, je suis ravi de vous voir chez moi, et nous avons grand besoin de vous.

SGANARELLE, *en robe de médecin, avec un chapeau des plus pointus.* – Hippocrate[1] dit… que nous nous couvrions tous deux.

GÉRONTE. – Hippocrate dit cela ?

SGANARELLE. – Oui.

GÉRONTE. – Dans quel chapitre, s'il vous plaît ?

SGANARELLE. – Dans son chapitre des chapeaux.

GÉRONTE. – Puisque Hippocrate le dit, il le faut faire.

SGANARELLE. – Monsieur le Médecin, ayant appris les merveilleuses choses…

GÉRONTE. – À qui parlez-vous, de grâce ?

SGANARELLE. – À vous.

GÉRONTE. – Je ne suis pas médecin.

SGANARELLE. – Vous n'êtes pas médecin ?

GÉRONTE. – Non, vraiment.

SGANARELLE. *(Il prend ici un bâton, et le bat comme on l'a battu.)* – Tout de bon ?

GÉRONTE. – Tout de bon. Ah ! ah ! ah !

SGANARELLE. – Vous êtes médecin maintenant : je n'ai jamais eu d'autres licences[2].

GÉRONTE. – Quel diable d'homme m'avez-vous là amené ?

VALÈRE. – Je vous ai bien dit que c'était un médecin goguenard[3].

GÉRONTE. – Oui ; mais je l'envoierais promener avec ses goguenarderies.

LUCAS. – Ne prenez pas garde à ça, Monsieur : ce n'est que pour rire.

GÉRONTE. – Cette raillerie[4] ne me plaît pas.

SGANARELLE. – Monsieur, je vous demande pardon de la liberté que j'ai prise.

GÉRONTE. – Monsieur, je suis votre serviteur.

---

1. *Hippocrate* : voir note 1, p. 60.
2. *Licences* : voir note 4, p. 60.
3. *Goguenard* : moqueur.
4. *Raillerie* : moquerie.

SGANARELLE. – Je suis fâché…
GÉRONTE. – Cela n'est rien.
SGANARELLE. – Des coups de bâton…
GÉRONTE. – Il n'y a pas de mal.
SGANARELLE. – Que j'ai eu l'honneur de vous donner.
GÉRONTE. – Ne parlons plus de cela. Monsieur, j'ai une fille qui est tombée dans une étrange maladie.
SGANARELLE. – Je suis ravi, Monsieur, que votre fille ait besoin de moi; et je souhaiterais de tout mon cœur que vous en eussiez besoin aussi, vous et toute votre famille, pour vous témoigner l'envie que j'ai de vous servir.
GÉRONTE. – Je vous suis obligé de ces sentiments.
SGANARELLE. – Je vous assure que c'est du meilleur de mon âme que je vous parle.
GÉRONTE. – C'est trop d'honneur que vous me faites.
SGANARELLE. – Comment s'appelle votre fille?
GÉRONTE. – Lucinde.
SGANARELLE. – Lucinde! Ah! beau nom à médicamenter[1]! Lucinde!
GÉRONTE. – Je m'en vais voir un peu ce qu'elle fait.
SGANARELLE. – Qui est cette grande femme-là?
GÉRONTE. – C'est la nourrice d'un petit enfant que j'ai.
SGANARELLE. – Peste! le joli meuble que voilà! Ah! Nourrice, charmante nourrice, ma médecine est très humble esclave de votre nourricerie, et je voudrais bien être le petit poupon fermé qui tétât le lait *(il lui porte la main sur le sein)* de vos bonnes grâces. Tous mes remèdes, toute ma science, toute ma capacité est à votre service, et…
LUCAS. – Avec votre permission, Monsieur le Médecin, laissez là ma femme, je vous prie.
SGANARELLE. – Quoi? est-elle votre femme?
LUCAS. – Oui.
SGANARELLE *(Il fait semblant d'embrasser Lucas, et se tournant du côté de la nourrice, il l'embrasse.)* – Ah! vraiment, je ne savais pas cela, et je m'en réjouis pour l'amour de l'un et de l'autre.

---

1. *Médicamenter* : soigner.

Lucas, *en le tirant*. –Tout doucement, s'il vous plaît.

SGANARELLE. – Je vous assure que je suis ravi que vous soyez unis ensemble. Je la félicite d'avoir un mari comme vous *(il fait encore semblant d'embrasser Lucas et, passant dessous ses bras, se jette au col[1] de sa femme)* ; et je vous félicite, vous, d'avoir une femme si belle, si sage, et si bien faite comme elle est.

Lucas, *en le tirant encore*. – Eh ! testigué[2] ! point tant de compliment, je vous supplie.

SGANARELLE. – Ne voulez-vous pas que je me réjouisse avec vous d'un si bel assemblage ?

Lucas. – Avec moi, tant qu'il vous plaira ; mais avec ma femme, trêve de sarimonie[3].

SGANARELLE. – Je prends part également au bonheur de tous deux ; *(il continue le même jeu)* et si je vous embrasse pour vous en témoigner ma joie, je l'embrasse de même pour lui en témoigner aussi.

Lucas, *en le tirant derechef*[4]. –Ah ! vartigué[5], Monsieur le médecin, que de lantiponages[6].

Molière, *Le Médecin malgré lui*, GF-Flammarion, coll. «Étonnants Classiques», 1999, p. 63-68.

Question

Indiquez sur quoi repose le comique de cette scène. Qu'est-ce qui préoccupe le plus Sganarelle ?

Molière, *Le Malade imaginaire* (1673)

Argan, le personnage principal du *Malade imaginaire*, la dernière pièce de Molière, se plaît à croire qu'il est gravement malade et s'entoure de médecins et d'apothicaires pour être bien soigné. Dans la scène 10 de l'acte III de cette comédie, Toinette, la servante, déguisée en médecin, vient le soigner...

---

1. *Col* : cou.
2. *Testigué* : juron en patois signifiant «tête de Dieu».
3. *Trêve de sarimonie* : assez de cérémonie.
4. *Derechef* : de nouveau.
5. *Vartigué* : juron en patois signifiant «vertu de Dieu».
6. *Lantiponages* : détours.

Acte III
Scène 10
Toinette, *en médecin*, Argan, Béralde[1]

Toinette. – Monsieur, je vous demande pardon de tout mon cœur.

Argan. – Cela est admirable !

Toinette. – Vous ne trouverez pas mauvaise, s'il vous plaît, la curiosité que j'ai eue de voir un illustre malade comme vous êtes, et votre réputation, qui s'étend partout, peut excuser la liberté que j'ai prise.

Argan. – Monsieur, je suis votre serviteur.

Toinette. – Je vois, Monsieur, que vous me regardez fixement. Quel âge croyez-vous bien que j'aie ?

Argan. – Je crois que tout au plus vous pouvez avoir vingt-six, ou vingt-sept ans.

Toinette. – Ah ! ah ! ah ! ah ! ah ! j'en ai quatre-vingt-dix.

Argan. – Quatre-vingt-dix ?

Toinette. – Oui. Vous voyez un effet des secrets de mon art, de me conserver ainsi frais et vigoureux.

Argan. – Par ma foi ! voilà un beau jeune vieillard pour quatre-vingt-dix ans.

Toinette. – Je suis médecin passager[2], qui vais de ville en ville, de province en province, de royaume en royaume, pour chercher d'illustres matières à ma capacité[3], pour trouver des malades dignes de m'occuper, capables d'exercer les grands et beaux secrets que j'ai trouvés dans la médecine. Je dédaigne de m'amuser à ce menu fatras de maladies ordinaires, à ces bagatelles de rhumatismes et de fluxions[4], à ces fiévrottes[5], à ces vapeurs[6], et à ces migraines. Je veux des

---

1. *Béralde* : frère d'Argan.
2. *Médecin passager* : médecin de passage, ambulant.
3. *À ma capacité* : dignes de ma science.
4. *Fluxions* : voir note 6, p. 44.
5. *Fiévrottes* : petites fièvres.
6. *Vapeurs* : troubles.

maladies d'importance : de bonnes fièvres continues avec des transports au cerveau[1], de bonnes fièvres pourprées[2], de bonnes pestes, de bonnes hydropisies[3] formées, de bonnes pleurésies[4], avec des inflammations de poitrine : c'est là que je me plais, c'est là que je triomphe ; et je voudrais, Monsieur, que vous eussiez toutes les maladies que je viens de dire, que vous fussiez abandonné de tous les médecins, désespéré, à l'agonie, pour vous montrer l'excellence de mes remèdes[5], et l'envie que j'aurais de vous rendre service.

ARGAN. – Je vous suis obligé, Monsieur, des bontés que vous avez pour moi.

TOINETTE. – Donnez-moi votre pouls. Allons donc, que l'on batte comme il faut. Ahy, je vous ferai bien aller comme vous devez. Hoy, ce pouls-là fait l'impertinent : je vois bien que vous ne me connaissez pas encore. Qui est votre médecin ?

ARGAN. – Monsieur Purgon.

TOINETTE. – Cet homme-là n'est point écrit sur mes tablettes entre les grands médecins. De quoi dit-il que vous êtes malade ?

ARGAN. – Il dit que c'est du foie, et d'autres disent que c'est de la rate.

TOINETTE. – Ce sont tous des ignorants : c'est du poumon que vous êtes malade.

ARGAN. – Du poumon ?

TOINETTE. – Oui. Que sentez-vous ?

ARGAN. – Je sens de temps en temps des douleurs de tête.

TOINETTE. – Justement, le poumon.

ARGAN. – Il me semble parfois que j'ai un voile devant les yeux.

TOINETTE. – Le poumon.

ARGAN. – J'ai quelquefois des maux de cœur.

TOINETTE. – Le poumon.

---

1. *Transports au cerveau* : délires.
2. *Fièvres pourprées* : fièvres rouges.
3. *Hydropisies* : accumulations d'eau dans le corps.
4. *Pleurésies* : inflammations du poumon.
5. *L'excellence de mes remèdes* : l'efficacité de mes remèdes.

ARGAN. – Je sens parfois des lassitudes par[1] tous les membres.

TOINETTE. – Le poumon.

ARGAN. – Et quelquefois il me prend des douleurs dans le ventre, comme si c'était des coliques.

TOINETTE. – Le poumon. Vous avez appétit à ce que vous mangez ?

ARGAN. – Oui, Monsieur.

TOINETTE. – Le poumon. Vous aimez à boire un peu de vin ?

ARGAN. – Oui, Monsieur.

TOINETTE. – Le poumon. Il vous prend un petit sommeil après le repas, et vous êtes bien aise de dormir ?

ARGAN. – Oui, Monsieur.

TOINETTE. – Le poumon, le poumon, vous dis-je. Que vous ordonne votre médecin pour votre nourriture ?

ARGAN. – Il m'ordonne du potage.

TOINETTE. – Ignorant.

ARGAN. – De la volaille.

TOINETTE. – Ignorant.

ARGAN. – Du veau.

TOINETTE. – Ignorant.

ARGAN. – Des bouillons.

TOINETTE. – Ignorant.

ARGAN. – Des œufs frais.

TOINETTE. – Ignorant.

ARGAN. – Et le soir de petits pruneaux pour lâcher le ventre.

TOINETTE. – Ignorant.

ARGAN. – Et surtout de boire mon vin fort trempé[2].

TOINETTE. – *Ignorantus, ignoranta, ignorantum*[3]. Il faut boire votre vin pur ; et pour épaissir votre sang, qui est trop subtil[4], il faut manger de bon gros bœuf, de bon gros porc, de bon fromage de Hollande, du gruau et du riz, et des marrons et

---

1. *Des lassitudes par* : des engourdissements dans.
2. *Trempé* : mélangé à de l'eau.
3. *Ignorantus, ignoranta, ignorantum* : adjectif latin décliné au masculin, au féminin et au neutre, signifiant « ignorant ».
4. *Subtil* : liquide.

des oublies[1], pour coller et conglutiner[2]. Votre médecin est une bête. Je veux vous en envoyer un de ma main, et je viendrai vous voir de temps en temps, tandis que je serai en cette ville.

Molière, Le Malade imaginaire, GF-Flammarion, coll. «Étonnants Classiques», 1995, p. 146-150.

Question

Indiquez sur quoi repose le comique de cette scène. Quels travers des médecins Molière dénonce-t-il par l'intermédiaire du personnage de Toinette ?

À vos plumes !

À votre tour, écrivez en une quarantaine de lignes une scène qui sera une consultation donnée par un faux médecin à un vrai ou à un faux malade, et dans laquelle vous privilégierez le comique de répétition...

À vous de jouer !

Par petits groupes, mettez en scène et jouez la scène 5 du *Mariage forcé* ou la scène 2 de l'acte II du *Médecin malgré lui*, ou encore la scène 10 de l'acte III du *Malade imaginaire*. Vous accorderez un soin tout particulier au choix des costumes et aux déplacements des personnages.

---

1. *Oublies* : pâtisseries.
2. *Conglutiner* : épaissir.

Le Médecin volant sur les planches : la mise en scène de Dario Fo (1990)

En 1989, le comédien, dramaturge et metteur en scène italien Dario Fo est invité à monter *Le Médecin volant* et *Le Médecin malgré lui* à la Comédie-Française.

Lorsqu'il arrive à Paris, en grand héritier de la tradition de la *commedia dell'arte*, il a une idée très précise de la façon dont ces deux pièces doivent être jouées et il a dessiné dans deux épais cahiers les mimiques, postures, gags et jeux de scène que lui ont inspirés les textes de Molière, en les accompagnant de ses commentaires.

En mettant en scène ces deux pièces, le but de Dario Fo est de renouer avec l'esprit dans lequel elles ont été créées. De ces créations, il ne reste que les textes, dont les lacunes explicites – telles les indications «galimatias», «etc.» dans *Le Médecin volant* – invitent les comédiens à improviser, et quelques vagues indications scéniques. Aussi Dario Fo ajoute-t-il des *lazzi* et des répliques au texte de Molière. Il ne trahit pas l'auteur. Au contraire, il s'emploie à le servir au mieux en recomposant son univers comique. Pour retrouver les jeux de scène dont ce dernier s'était inspiré en puisant dans les canevas des troupes de *commedia dell'arte* et en observant le jeu de l'acteur napolitain Scaramouche, Dario Fo consulte archives et témoignages. En partant de ses découvertes, il s'applique à réinventer une tradition. Qu'en est-il du résultat? Une mise en scène alerte, enjouée, où tous les moyens sont mis en œuvre pour faire rire le spectateur, comme au temps de Scaramouche et de Molière.

Nous reproduisons ici quelques-uns des ajouts et des croquis que Dario Fo a réalisés pour *Le Médecin volant*, qui rendent compte de l'originalité et de la spécificité de son travail de metteur en scène[1], ainsi que des photos tirées de la représentation, dont la première eut lieu le 9 juin 1990.

La mise en scène de Dario Fo commence par une poursuite. On voit Sganarelle, un bélier sous le bras, qui tente d'échapper à deux gendarmes criant «Il a volé un bélier! Au voleur! Au voleur!» tandis qu'«un groupe de musiciens joue au centre de la rue». Cette ouverture, tout en inscrivant la pièce dans la tradition de la farce – avec le larcin de Sganarelle et la traque des gendarmes – et de la *commedia dell'arte* – avec la présence des musiciens –, avant même l'exposition de l'intrigue, renseigne le spectateur sur le caractère de Sganarelle. C'est un fourbe, un voleur. Il n'aura aucun mal à jouer la comédie et à usurper l'identité d'un autre!

---

1. Le carnet de mise en scène du *Médecin volant* de Dario Fo, dont nous donnons ici des extraits, a été publié aux Éditions de l'Imprimerie nationale (Molière, *Le Médecin malgré lui et Le Médecin volant*, 1991).

La scène 4 du *Médecin volant* est l'une de celles dans lesquelles Dario Fo a le plus recouru à des trouvailles scéniques et à des ajouts textuels, décuplant les effets comiques. Sganarelle, toujours soucieux de remplir à la perfection son rôle de médecin, multiplie les démonstrations de son savoir-faire : il sort un à un ses instruments de praticien, parmi lesquels une bougie, qui met bientôt le feu à son manteau, donnant lieu à un comique de situation. Par ailleurs, pour établir son diagnostic, il demande qu'on lui apporte de l'urine de Lucile. Sabine bouscule la malade : « Vite, Lucile, pressons, pressons ! » Cette réplique ne figure pas dans le texte de Molière. C'est Dario Fo qui l'introduit à plusieurs reprises tandis que la panique gagne les personnages, créant ainsi un comique de répétition. Enfin, en parfait chimiste, Sganarelle jette un fumigène dans le pot de chambre de Lucile, pour connaître la nature de son urine, amplifiant encore le caractère spectaculaire de la scène.

Nous reproduisons ci-contre le texte de Molière avec les ajouts de Dario Fo (qui apparaissent entre crochets) et, aux pages suivantes, un croquis de cette scène réalisé par Dario Fo et une photo tirée de la représentation.

SGANARELLE. – Il n'importe : le sang du père et de la fille ne sont qu'une même chose; [la couleur en est belle!] et par l'altération de celui du père, je puis connaître la maladie de la fille. *[(Chaque fois qu'il sort un objet de son manteau, il le nomme.)* Bougie! – Ah! voilà la bougie. Loupe – Ah! voilà la loupe. Oreille! – Tu me vois? non c'est bouché! Clystère – Ah voilà le clystère. Loupe! – Tu me vois? Ah! je te vois! il y a toujours un œil dans une serrure. C'est parfait. *(Rentrant la bougie dans son manteau.)* Quelle douce chaleur, c'est parfait!] Monsieur Gorgibus, y aurait-il moyen de voir de l'urine de l'égrotante?

GORGIBUS. – Oui-da; Sabine, vite allez quérir de l'urine de ma fille. Monsieur le médecin, j'ai grand'peur qu'elle ne meure.

SGANARELLE. – Ah! qu'elle s'en garde bien! Il ne faut pas qu'elle s'amuse à se laisser mourir sans l'ordonnance du médecin. *[(Une épaisse fumée apparaît sous le manteau de Sganarelle.)* Au feu! au feu!

SABINE, *apparaissant à la fenêtre et remplissant un pot de chambre de vin blanc.* – Vite, Lucile, pressons, pressons!... et voilà!]

SGANARELLE. – Voilà de l'urine qui marque grande chaleur, grande inflammation dans les intestins : elle n'est pas tant mauvaise pourtant.

GORGIBUS. – Hé quoi? Monsieur, vous l'avalez?

SGANARELLE. – Ne vous étonnez pas de cela; les médecins, d'ordinaire, se contentent de la regarder; mais moi, qui suis un médecin hors du commun, je l'avale, parce qu'avec le goût je discerne bien mieux la cause et les suites de la maladie. [Vous voulez goûter?

GORGIBUS. – Non merci. Je n'ai pas le goût si subtil.]

SGANARELLE. – Mais, à vous dire la vérité, il y en avait trop peu pour asseoir un bon jugement : qu'on la fasse encore pisser.

[SABINE. – Vite, Lucile, pressons, pressons!

Tous répètent en chœur.]

© Éditions de l'Imprimerie nationale, 1991.

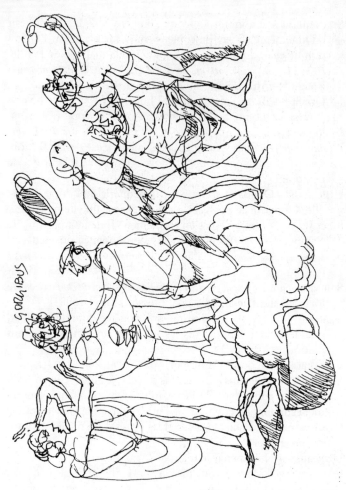

© Éditions de l'Imprimerie nationale, 1991.

© Marc Enguérand.

- Dans la mise en scène de Dario Fo (Comédie-Française, 1990), Sganarelle, au centre, déguisé en médecin (joué par Christian Blanc), prend feu sous le regard stupéfait de Gorgibus, au premier plan à droite (interprété par Dominique Rozan).

DOSSIER

Dossier | 115

Dans la scène 8, exploitant le comique de répétition, Dario Fo fait boire l'urine de Lucile à l'Avocat. Dans cette mise en scène, l'Avocat découvrait à la scène 6 le pot de chambre de Lucile contenant du vin blanc (voir *supra*). Deux scènes plus loin, c'est la même boisson qu'il pense porter à sa bouche, en compagnie de Sganarelle déguisé en médecin et de Gorgibus. Mais son erreur est de taille! Il recrache aussitôt le liquide.

L'Avocat. – Mais c'est de l'urine!/ Gorgibus. – C'est de ma fille, vous ne l'aimez pas?/ L'Avocat. – Non!/ Gorgibus. – Pourquoi insistez-vous pour la boire?/ L'Avocat. – De l'eau!

■ L'Avocat (joué par Marcel Bozonnet), entouré de Sganarelle en habit de médecin (à gauche sur la photo) et de Gorgibus, dans la mise en scène de Dario Fo (Comédie-Française, 1990).

© Éditions de l'Imprimerie nationale, 1991.

Parmi les trouvailles que contient la mise en scène de Dario Fo figurent aussi la corde fournie par des voisins à Sganarelle pour l'aider à sortir de la maison de Gorgibus sans que celui-ci s'en aperçoive à la scène 14, ou encore le pot de chambre grimé et coiffé d'une perruque pour permettre la confrontation entre Sganarelle-médecin et son faux frère Narcisse à la scène 15 : une farandole qui fait irruption et entraîne Gorgibus et Gros-René laisse le temps à Sganarelle de procéder au maquillage du pot de chambre...

Dossier | 117

Pour que la fin de la pièce soit aussi dynamique que le début, Dario Fo imagine un ultime échange entre les personnages et un ultime pied de nez de Sganarelle. Gorgibus, fêté pour sa clémence, est lancé dans les airs sur le manteau du faux médecin. Mais, après une mauvaise chute, il gît inanimé sur le sol. Sganarelle, fidèle à lui-même, ressuscite Gorgibus, moins grâce à ses talents de médecin que grâce à sa ruse !

Nous reproduisons ci-dessous le texte de Molière avec les ajouts de Dario Fo (qui apparaissent entre crochets) et les croquis de ce dernier qui signalent la présence des musiciens, comme au début de la pièce.

VALÈRE. – Nous nous jetons à vos pieds.
GORGIBUS. – Je vous pardonne, et suis heureusement trompé par Sganarelle, ayant un si brave gendre. Allons tous faire noces, et boire à la santé de toute la compagnie.

[Gorgibus est saisi et berné dans le manteau de Sganarelle. Au troisième lancer, il retombe sur le sol et reste inanimé.

L'AVOCAT. – Il est trépassé ! Permettez-moi de prononcer son oraison funèbre, j'étais un ami du défunt.
TOUS. – Non !
SGANARELLE. – Place au médecin, je vais l'examiner.

Sganarelle saisit la bourse de Gorgibus et jette l'argent au public.

GORGIBUS, *ressuscitant*. – Mon argent, mon argent !]

© Éditions de l'Imprimerie nationale, 1991.

Dernières parutions

ALAIN-FOURNIER
  Le Grand Meaulnes

ANOUILH
  La Grotte

ASIMOV
  Le Club des Veufs noirs

BALZAC
  Le Père Goriot

BAUDELAIRE
  Les Fleurs du mal – *Nouvelle édition*

BAUM (L. FRANK)
  Le Magicien d'Oz

BEAUMARCHAIS
  Le Mariage de Figaro

BELLAY (DU)
  Les Regrets

BORDAGE (PIERRE)
  Nouvelle vie™ et autres récits

CARRIÈRE (JEAN-CLAUDE)
  La Controverse de Valladolid

CATHRINE (ARNAUD)
  Les Yeux secs

CERVANTÈS
  Don Quichotte

« C'EST À CE PRIX QUE VOUS MANGEZ DU SUCRE... » Les discours sur l'esclavage d'Aristote à Césaire

CHEDID (ANDRÉE)
  Le Message
  Le Sixième Jour

CHRÉTIEN DE TROYES
  Lancelot ou le Chevalier de la charrette
  Perceval ou le Conte du graal
  Yvain ou le Chevalier au lion

CLAUDEL (PHILIPPE)
  Les Confidents et autres nouvelles

COLETTE
  Le Blé en herbe

COLIN (FABRICE)
  Projet oXatan

CONTES DE SORCIÈRES
  Anthologie

CONTES DE VAMPIRES
  Anthologie

CORNEILLE
  Le Cid – *Nouvelle édition*

DIDEROT
  Entretien d'un père avec ses enfants

DUMAS
  Pauline
  Robin des bois

FENWICK (JEAN-NOËL)
  Les Palmes de M. Schutz

FEYDEAU
  Un fil à la patte

FEYDEAU-LABICHE
  Deux courtes pièces autour du mariage

GARCIN (CHRISTIAN)
  Vies volées

GRUMBERG (JEAN-CLAUDE)
  L'Atelier
  Zone libre

HIGGINS (COLIN)
  Harold et Maude – *Adaptation de Jean-Claude Carrière*

HOBB (ROBIN)
  Retour au pays

HUGO
  L'Intervention, *suivie de* La Grand'mère
  Les Misérables – *Nouvelle édition*

JONQUET (THIERRY)
  La Vigie

KAPUŚCIŃSKI
  Autoportrait d'un reporter

KRESSMANN TAYLOR
  Inconnu à cette adresse

LA FONTAINE
  Fables – *lycée*
  Le Corbeau et le Renard et autres fables – *collège*

LAROUI (FOUAD)
  L'Oued et le Consul et autres nouvelles

LEBLANC
  L'Aiguille creuse

LONDON (JACK)
  L'Appel de la forêt

MARIVAUX
La Double Inconstance
L'Île des esclaves
Le Jeu de l'amour et du hasard

MAUPASSANT
Le Horla
Le Papa de Simon
Toine et autres contes normands
Une partie de campagne et autres nouvelles au bord de l'eau
Bel-Ami

MÉRIMÉE
La Vénus d'Ille – *Nouvelle édition*

MIANO (LÉONORA)
Afropean Soul et autres nouvelles

MOLIÈRE
L'Amour médecin. Le Sicilien ou l'Amour peintre
L'Avare – *Nouvelle édition*
Le Bourgeois gentilhomme – *Nouvelle édition*
Dom Juan
Les Fourberies de Scapin – *Nouvelle édition*
Le Médecin malgré lui – *Nouvelle édition*
Le Médecin volant. La Jalousie du Barbouillé
Le Misanthrope
Le Tartuffe
Le Malade imaginaire – *Nouvelle édition*

MONTAIGNE
Essais

NOUVELLES FANTASTIQUES 2
Je suis d'ailleurs et autres récits

PERRAULT
Contes – *Nouvelle édition*

PRÉVOST
Manon Lescaut

RACINE
Phèdre
Andromaque

RADIGUET
Le Diable au corps

RÉCITS POUR AUJOURD'HUI
17 fables et apologues contemporains

RIMBAUD
Poésies

LE ROMAN DE RENART – *Nouvelle édition*

ROUSSEAU
Les Confessions

SALM (CONSTANCE DE)
Vingt-quatre heures d'une femme sensible

SCÈNES DE LA VIE CONJUGALE
Le couple au théâtre, de Shakespeare à Yasmina Reza

STENDHAL
L'Abbesse de Castro

STOKER
Dracula

LES TEXTES FONDATEURS
Anthologie

TRISTAN ET ISEUT

TROIS CONTES PHILOSOPHIQUES
(Diderot, Saint-Lambert, Voltaire)

VERLAINE
Fêtes galantes, Romances sans paroles *précédées de* Poèmes saturniens

VERNE
Un hivernage dans les glaces

VOLTAIRE
Candide – *Nouvelle édition*

WESTLAKE (DONALD)
Le Couperet

ZOLA
Comment on meurt
Jacques Damour
Thérèse Raquin

ZWEIG
Le Joueur d'échecs

Les classiques et les contemporains
dans la même collection

ALAIN-FOURNIER
Le Grand Meaulnes

ANDERSEN
La Petite Fille et les allumettes et autres contes

ANOUILH
La Grotte

APULÉE
Amour et Psyché

ASIMOV
Le Club des Veufs noirs

AUCASSIN ET NICOLETTE

BALZAC
Le Bal de Sceaux
Le Chef-d'œuvre inconnu
Le Colonel Chabert
Ferragus
Le Père Goriot
La Vendetta

BARBEY D'AUREVILLY
Les Diaboliques – Le Rideau cramoisi, Le Bonheur dans le crime

BARRIE
Peter Pan

BAUDELAIRE
Les Fleurs du mal – *Nouvelle édition*

BAUM (L. FRANK)
Le Magicien d'Oz

BEAUMARCHAIS
Le Mariage de Figaro

BELLAY (DU)
Les Regrets

LA BELLE ET LA BÊTE ET AUTRES CONTES

BERBEROVA
L'Accompagnatrice

BERNARDIN DE SAINT-PIERRE
Paul et Virginie

LA BIBLE
Histoire d'Abraham
Histoire de Moïse

BOVE
Le Crime d'une nuit. Le Retour de l'enfant

BRADBURY
L'Homme brûlant et autres nouvelles

CARRIÈRE (JEAN-CLAUDE)
La Controverse de Valladolid

CARROLL
Alice au pays des merveilles

CERVANTÈS
Don Quichotte

CHAMISSO
L'Étrange Histoire de Peter Schlemihl

LA CHANSON DE ROLAND

CATHRINE (ARNAUD)
Les Yeux secs

CHATEAUBRIAND
Mémoires d'outre-tombe

CHEDID (ANDRÉE)
L'Enfant des manèges et autres nouvelles
Le Message
Le Sixième Jour

CHRÉTIEN DE TROYES
Lancelot ou le Chevalier de la charrette
Perceval ou le Conte du graal
Yvain ou le Chevalier au lion

CLAUDEL (PHILIPPE)
Les Confidents et autres nouvelles

COLETTE
Le Blé en herbe

COLIN (FABRICE)
Projet oXatan

COLLODI
Pinocchio

CORNEILLE
Le Cid – *Nouvelle édition*

DAUDET
Aventures prodigieuses de Tartarin de Tarascon
Lettres de mon moulin

DEFOE
Robinson Crusoé

DIDEROT
Entretien d'un père avec ses enfants

Jacques le Fataliste
Le Neveu de Rameau
Supplément au Voyage de Bougainville

DOYLE
Trois Aventures de Sherlock Holmes

DUMAS
Le Comte de Monte-Cristo
Pauline
Robin des Bois
Les Trois Mousquetaires, t. 1 et 2

FABLIAUX DU MOYEN ÂGE
LA FARCE DE MAÎTRE PATHELIN
LA FARCE DU CUVIER ET AUTRES FARCES DU MOYEN ÂGE

FENWICK (JEAN-NOËL)
Les Palmes de M. Schutz

FERNEY (ALICE)
Grâce et Dénuement

FEYDEAU
Un fil à la patte

FEYDEAU-LABICHE
Deux courtes pièces autour du mariage

FLAUBERT
La Légende de saint Julien l'Hospitalier
Un cœur simple

GARCIN (CHRISTIAN)
Vies volées

GAUTIER
Le Capitaine Fracasse
La Morte amoureuse. La Cafetière
et autres nouvelles

GOGOL
Le Nez. Le Manteau

GRAFFIGNY (MME DE)
Lettres d'une péruvienne

GRIMM
Le Petit Chaperon rouge et autres contes

GRUMBERG (JEAN-CLAUDE)
L'Atelier
Zone libre

HIGGINS (COLIN)
Harold et Maude – *Adaptation de Jean-Claude Carrière*

HOBB (ROBIN)
Retour au pays

HOFFMANN
L'Enfant étranger
L'Homme au Sable

Le Violon de Crémone. Les Mines de Falun

HOLDER (ÉRIC)
Mademoiselle Chambon

HOMÈRE
Les Aventures extraordinaires d'Ulysse
L'Iliade
L'Odyssée

HUGO
Claude Gueux
L'Intervention *suivie de* La Grand'mère
Le Dernier Jour d'un condamné
Les Misérables – *Nouvelle édition*
Notre-Dame de Paris
Quatrevingt-treize
Le roi s'amuse
Ruy Blas

JAMES
Le Tour d'écrou

JARRY
Ubu Roi

JONQUET (THIERRY)
La Vigie

KAFKA
La Métamorphose

KAPUŚCIŃSKI
Autoportrait d'un reporter

KRESSMANN TAYLOR
Inconnu à cette adresse

LABICHE
Un chapeau de paille d'Italie

LA BRUYÈRE
Les Caractères

LEBLANC
L'Aiguille creuse

LONDON (JACK)
L'Appel de la forêt

MME DE LAFAYETTE
La Princesse de Clèves

LA FONTAINE
Le Corbeau et le Renard et autres fables
– *Nouvelle édition des* Fables, *collège*
Fables, *lycée*

LANGELAAN (GEORGE)
La Mouche. Temps mort

LAROUI (FOUAD)
L'Oued et le Consul et autres nouvelles

LE FANU (SHERIDAN)
Carmilla

LEROUX
  Le Mystère de la Chambre Jaune
  Le Parfum de la dame en noir

LOTI
  Le Roman d'un enfant

MARIVAUX
  La Double Inconstance
  L'Île des esclaves
  Le Jeu de l'amour et du hasard

MATHESON (RICHARD)
  Au bord du précipice et autres nouvelles
  Enfer sur mesure et autres nouvelles

MAUPASSANT
  Bel-Ami
  Boule de suif
  Le Horla et autres contes fantastiques
  Le Papa de Simon et autres nouvelles
  La Parure et autres scènes de la vie parisienne
  Toine et autres contes normands
  Une partie de campagne et autres nouvelles au bord de l'eau

MÉRIMÉE
  Carmen
  Mateo Falcone. Tamango
  La Vénus d'Ille – *Nouvelle édition*

MIANO (LÉONORA)
  Afropean Soul et autres nouvelles

LES MILLE ET UNE NUITS
  Ali Baba et les quarante voleurs
  Le Pêcheur et le Génie. Histoire de Ganem
  Sindbad le marin

MOLIÈRE
  L'Amour médecin. Le Sicilien ou l'Amour peintre
  L'Avare – *Nouvelle édition*
  Le Bourgeois gentilhomme – *Nouvelle édition*
  Dom Juan
  L'École des femmes
  Les Femmes savantes
  Les Fourberies de Scapin – *Nouvelle édition*
  George Dandin
  Le Malade imaginaire – *Nouvelle édition*
  Le Médecin malgré lui
  Le Médecin volant. La Jalousie du Barbouillé
  Le Misanthrope
  Les Précieuses ridicules
  Le Tartuffe

MONTAIGNE
  Essais

MONTESQUIEU
  Lettres persanes

MUSSET
  Il faut qu'une porte soit ouverte ou fermée. Un caprice
  On ne badine pas avec l'amour

OVIDE
  Les Métamorphoses

PASCAL
  Pensées

PERRAULT
  Contes – *Nouvelle édition*

PIRANDELLO
  Donna Mimma et autres nouvelles
  Six Personnages en quête d'auteur

POE
  Le Chat noir et autres contes fantastiques
  Double Assassinat dans la rue Morgue. La Lettre volée

POUCHKINE
  La Dame de pique et autres nouvelles

PRÉVOST
  Manon Lescaut

PROUST
  Combray

RABELAIS
  Gargantua
  Pantagruel

RACINE
  Phèdre
  Andromaque

RADIGUET
  Le Diable au corps

RÉCITS DE VOYAGE
  Le Nouveau Monde (Jean de Léry)
  Les Merveilles de l'Orient (Marco Polo)

RENARD
  Poil de Carotte

RIMBAUD
  Poésies

ROBERT DE BORON
  Merlin

ROMAINS
  L'Enfant de bonne volonté

LE ROMAN DE RENART – *Nouvelle édition*

ROSTAND
    Cyrano de Bergerac

ROUSSEAU
    Les Confessions

SALM (CONSTANCE DE)
    Vingt-quatre heures d'une femme sensible

SAND
    Les Ailes de courage
    Le Géant Yéous

SAUMONT (ANNIE)
    Aldo, mon ami et autres nouvelles
    La guerre est déclarée et autres nouvelles

SCHNITZLER
    Mademoiselle Else

SÉVIGNÉ (MME DE)
    Lettres

SHAKESPEARE
    Macbeth
    Roméo et Juliette

SHELLEY (MARY)
    Frankenstein

STENDHAL
    L'Abbesse de Castro
    Vanina Vanini. Le Coffre et le Revenant

STEVENSON
    Le Cas étrange du Dr Jekyll et de M. Hyde
    L'Île au trésor

STOKER
    Dracula

SWIFT
    Voyage à Lilliput

TCHÉKHOV
    La Mouette
    Une demande en mariage et autres pièces en un acte

TITE-LIVE
    La Fondation de Rome

TOURGUÉNIEV
    Premier Amour

TRISTAN ET ISEUT

TROYAT (HENRI)
    Aliocha

VALLÈS
    L'Enfant

VERLAINE
    Fêtes galantes, Romances sans paroles *précédé de* Poèmes saturniens

VERNE
    Le Tour du monde en 80 jours
    Un hivernage dans les glaces

VILLIERS DE L'ISLE-ADAM
    Véra et autres nouvelles fantastiques

VIRGILE
    L'Énéide

VOLTAIRE
    Candide – *Nouvelle édition*
    L'Ingénu
    Jeannot et Colin. Le monde comme il va
    Micromégas
    Zadig – *Nouvelle édition*

WESTLAKE (DONALD)
    Le Couperet

WILDE
    Le Fantôme de Canterville et autres nouvelles

ZOLA
    Comment on meurt
    Germinal
    Jacques Damour
    Thérèse Raquin

ZWEIG
    Le Joueur d'échecs

Les anthologies dans la même collection

AU NOM DE LA LIBERTÉ
   Poèmes de la Résistance
L'AUTOBIOGRAPHIE
BAROQUE ET CLASSICISME
LA BIOGRAPHIE
BROUILLONS D'ÉCRIVAINS
   Du manuscrit à l'œuvre
« C'EST À CE PRIX QUE VOUS MANGEZ DU SUCRE... » Les discours sur l'esclavage d'Aristote à Césaire
CETTE PART DE RÊVE QUE CHACUN PORTE EN SOI
CEUX DE VERDUN
   Les écrivains et la Grande Guerre
LES CHEVALIERS DU MOYEN ÂGE
CONTES DE SORCIÈRES
CONTES DE VAMPIRES
LE CRIME N'EST JAMAIS PARFAIT
   Nouvelles policières 1
DE L'ÉDUCATION
   Apprendre et transmettre de Rabelais à Pennac
LE DÉTOUR
FAIRE VOIR : QUOI, COMMENT, POUR QUOI ?
FÉES, OGRES ET LUTINS
   Contes merveilleux 2
LA FÊTE
GÉNÉRATION(S)
LES GRANDES HEURES DE ROME
L'HUMANISME ET LA RENAISSANCE
IL ÉTAIT UNE FOIS
   Contes merveilleux 1
LES LUMIÈRES
LES MÉTAMORPHOSES D'ULYSSE
   Réécritures de l'*Odyssée*
MONSTRES ET CHIMÈRES
MYTHES ET DIEUX DE L'OLYMPE
NOIRE SÉRIE...
   Nouvelles policières 2
NOUVELLES DE FANTASY 1

NOUVELLES FANTASTIQUES 1
   Comment Wang-Fô fut sauvé et autres récits
NOUVELLES FANTASTIQUES 2
   Je suis d'ailleurs et autres récits
ON N'EST PAS SÉRIEUX QUAND ON A QUINZE ANS Adolescence et littérature
PAROLES DE LA SHOAH
PAROLES, ÉCHANGES, CONVERSATIONS ET RÉVOLUTION NUMÉRIQUE
LA PEINE DE MORT
   De Voltaire à Badinter
POÈMES DE LA RENAISSANCE
POÉSIE ET LYRISME
LE PORTRAIT
RACONTER, SÉDUIRE, CONVAINCRE
   Lettres des XVIIe et XVIIIe siècles
RÉALISME ET NATURALISME
RÉCITS POUR AUJOURD'HUI
   17 fables et apologues contemporains
RIRE : POUR QUOI FAIRE ?
RISQUE ET PROGRÈS
ROBINSONNADES
   De Defoe à Tournier
LE ROMANTISME
SCÈNES DE LA VIE CONJUGALE
   Le couple au théâtre, de Shakespeare à Yasmina Reza
LE SURRÉALISME
LA TÉLÉ NOUS REND FOUS !
LES TEXTES FONDATEURS
TROIS CONTES PHILOSOPHIQUES
   Diderot, Saint-Lambert, Voltaire
TROIS NOUVELLES NATURALISTES
   Huysmans, Maupassant, Zola
VIVRE AU TEMPS DES ROMAINS
VOYAGES EN BOHÈME
   Baudelaire, Rimbaud, Verlaine

Mise en page par Meta-systems
59100 Roubaix

N° d'édition : L.01EHRN000425.N001
Dépôt légal : avril 2014

Achevé d'imprimer en Italie
par Grafica Veneta S.p.A.